「知」の挑戦
本と新聞の大学I

モデレーター
一色 清 Isshiki Kiyoshi
姜尚中 Kang Sang-jung

依光隆明 Yorimitsu Takaaki
杉田 敦 Sugita Atsushi

加藤千洋 Kato Chihiro
池内 了 Ikeuchi Satoru

a pilot of wisdom

目次

科学者の社会的責任を考える

【Q&A】

脱原発をめぐって／科学は人間を幸福にするか？／科学と経済的合理性／科学の悪用の抑止力は？

はじめに

姜尚中

本と新聞といえば、業態としては斜陽産業の一つに数えられる。

若者の活字離れが進み、他方で少子高齢化とともに本や新聞の読者や購読者の減少に歯止めがかからなくなっている。市場経済だけの原理からすれば、出版と新聞は、淘汰《とうた》されるべき衰退産業ということになってしまうかもしれない。しかし、その結果何が待ち構えていることになるのか。活字文化の衰滅か、知性の劣化か。

ハイブローな立場から、そうした国民文化の低級化を嘆く向きもあるに違いない。とはいえ、出版や新聞などの大衆化は、高級文化と低級文化の壁そのものを突き破る原動力だったはずだ。出版や新聞の大衆的な広がりは、国民大衆を総動員する戦争の社会的均質化の働きと無縁ではなかった。逆に言えば、出版と新聞は、そうした社会的均質化が進んだ土壌のなかで養分を吸いあげ、活況を呈してきたのである。

だが、いまや、一方で日本語という「国語」によって保護された新聞や出版は、グローバル化やデジタル化の波に洗われ、他方で限りなく微分化されていく情報化のなかで細分化された消費者のニーズに対応できなくなりつつある。

それでは本と出版は、ただ衰退に身を任せていくだけなのか。もしそうなれば、何よりも、反知性主義が横行し、民主主義はいたるところで瞬間風速的な情動に翻弄《ほんろう》され、やがて文化の基盤そのものが崩落していくに違いない。

「本と新聞の大学」は、こうした危機をバネに出版と新聞のコラボによるオープン・カレッジを開設しようとするユニークな試みである。現代を代表する第一線の学者やジャーナリスト、知識人などが縦横無尽にその個性を発揮し、階層も職業も年齢も人生経験も違う、様々な受講生がみずからの思いを語る姿は、この大学にしか見られない感動的な光景であった。

「本と新聞の大学」は確実に第一歩を踏みだしたのである。

第一回　日本はどうなる？

一色 清×姜尚中

〔いっしき・きよし〕
朝日新聞出版雑誌統括。一九五六年、愛媛県生まれ。一九七八年、朝日新聞社に入り、福島、成田支局員、経済部記者、週刊誌「アエラ」編集部員、経済部次長などを経て、二〇〇〇年から二〇〇三年、二〇一二年一月から一一月までの二度「アエラ」編集長を務める。二〇〇八年一〇月から一一年三月までテレビ朝日「報道ステーション」コメンテーター。ニュースを論じる有料ウェブサイト「WEBRONZA」の初代編集長も務める。

〔カン・サンジュン〕
東京大学大学院情報学環・学際情報学府教授。一九五〇年、熊本県生まれ。早稲田大学大学院政治学研究科博士課程修了。専攻は政治学、政治思想史。著書に『マックス・ウェーバーと近代』『オリエンタリズムの彼方へ』『ナショナリズム』『日朝関係の克服』『姜尚中の政治学入門』『愛国の作法』『悩む力』『リーダーは半歩前を歩け』『あなたは誰？ 私はここにいる』『続・悩む力』ほか。自伝的作品に『在日』『母―オモニ―』など。

（講義日　二〇一二年三月一二日）

【基調対談】

「本」と「新聞」と「大学」で、知のあり方を問い直す

姜　こんにちは。姜尚中です。今日から全一〇回、半年にわたりまして「本と新聞の大学」を開催させていただきます。本日はその一回目ということで、まずどのような趣旨でこの企画がなされたのかをご説明したうえで、いまの日本が置かれている状況、また、これから日本がどのような道を進んでいけばいいのかといった大づかみなところについて、「アエラ」編集長（当時）の一色清さんと語りあっていきます。一色さん、今日はよろしくお願いします。

一色　一色清です。こちらこそよろしくお願いいたします。

姜　では、なぜこのような場を立ちあげたのかという点からいきましょう。

この講座は「本と新聞の大学」と名付けておりますが、ある方にいわせますと、「本」と「新聞」というのはともに衰退産業だそうです。加えて、「大学」も少子化のせいでか

つてのような元気がありません。つまり、太宰治の『斜陽』ではありませんが、いみじくも本、新聞、大学、三つながらにして斜陽産業であるわけです。しかし、三つを全部足し算すればプラスに転じるかもしれないし、掛け算すれば、もっとプラスになるかもしれません。ですから、この三つを足し算、掛け算した「知」というものを、私たちは改めて求めたいと考えたのです。――というのは半分冗談ですが、半分は本気です。なぜなら、いま、我々日本に生きる者に必要なものは、実のところこうした昔ながらのベーシックな「知」であったりするからです。もっといいますと、ベーシックな知をベースとした正しい「座標軸」が必要なのです。

私たちは今日、大変膨大な情報の海のなかを泳いでいます。それは種々雑多で、玉石混《こん》淆《こう》で、かつまた有象無象です。それだけに見極めが難しいのですが、見極めがつかないと人は疑心暗鬼になります。疑心暗鬼になれば、過剰反応したり、逆に殻のなかに閉じこもったりします。そして、最後にどうなるかというと、みんなが同じおかしな方向に同一行動をとってしまったりします。要するに、大変なことになるのです。だからこそ、しっかりとした座標軸が欲しいわけです。

いま、我々を取り巻いている諸問題は、二〇一一年三月一一日の東日本大震災によってあらわになった側面が大きいと私は思っているのですが、今日はその三・一一からちょうど一年と一日目です。ですから、現代の知のあり方を色々な角度から問い直すこの講座が今日始まったことは、何か象徴的な気もしています。

私は「知」というものを説明する際、しばしば「生もの」と「干もの」という二つのものを例に使います。生ものの知の代表は新聞を中心とするメディアです。ジャーナリズムです。ジャーナリズムは社会の皮膚呼吸であり、社会で起きている日々の出来事を幅広く拾いあげます。これに対して、干ものとは大学や本——主に古典ですが——によって担われるような知です。こちらはアカデミズムのなかにある縦割りの専門知であり、そこに携わる研究者は、長い時間をかけて熟成されたものを、しっかりと咀嚼《そしゃく》して吸収していきます。

では、生ものと干ものの関係はどうあるべきかというと、私は双方をほどよく連関させて、二つのあいだを行ったり来たりすることが理想だと思います。生ものばかりだと、食あたりすることがあります。干ものばかりだと、現代性を見失うことがあります。ですから、二つをバランスよく取り入れて、双方をチューニングしつつ、ある種の「総合知」のようなものを身につけたい。これがまた、先ほどいったところの「座標軸」にもなるわけです。

しかし、言うは易《やす》く行うは難《かた》しで、現代においては生ものと干もの知識はなかなかうまく接続していませんし、それを身につけるにふさわしい場もめったにありません。そこで、この「本と新聞の大学」を、その提供の場の一つにしたいと考えたのです。

我々は個人としてこれからどう生きたらいいのか、また、日本全体として、これからどの方へ向かえばいいのか。そのようなことを、各分野の先生方にそれぞれの視点からレクチャーしていただき、みなさんとともに考えていきたい。そんな入口となれたらいいなというのが我々の趣旨です。

三つの不信――科学技術、資本主義、民主主義

一色　姜さんのおっしゃったことと若干重なりますが、私からも少し、講座の趣旨について述べさせていただきます。

震災から一年たって、色々なことを考えるのですが、最近特に感じるのは、戦後日本の社会を形づくってきた大事なものがことごとく「不信」のなかにあるのではないかということです。とりわけ大きなものとして、「三つの不信」とでもいうべきものが露呈しているように思います。

一つ目は、「科学技術」に対する不信です。これは明らかにあの原発事故に由来しています。いま思い出してもショックだったのは、原発が爆発して冷やさなければいけないときに、方法がない。そこで消防車で放水したり、ヘリコプターで海水を上からまいたり、四苦八苦したわけですが、あの映像をテレビで見たとき、我々がこれまで誇りに思っていた「日本の科学技術」とはこの程度のものだったのか、こんなローテクなものだったのかと、大変衝撃をおぼえました。放射能の低線量被曝《ひばく》などについても、非常に有害だという専門家と、いや悪くない、かえって体にいいのだという専門家までいて、いまだに答えが一致していません。こんなことでは国民がみな科学技術に不信を抱いても当然だと思います。

二つ目は震災とは直接関係はないのですが、「資本主義」への不信です。特に、市場原理にのっとった資本主義に対する不信です。この懐疑の空気は日本だけでなく、ヨーロッパにも、アメリカにも、いま世界中に満ちています。マネーがグローバルなマーケットを縦横無尽に動くことで「行き過ぎ」が生まれ、その行き過ぎがバブルにつながり、バブルが生成する過程で、あるいは崩壊する過程で利にさとい人だけが大もうけして、そうでない人たちは損をする。これは「一％と九九％の問題」などと呼ばれ、資本主義そのものの欠陥ではないかと先進国の多くが問題視するようになっています。

三つ目は、「民主主義」への不信です。これも非常に根本的な問題ですが、色々な場面で顕在化していると思います。たとえば、いま日本の我々は何をしなければいけないかを問うたとき、高齢化に対応する社会をつくらなければならないとか、雇用や失業の問題を何とかせねばならないとか、社会保障制度の立て直しに取り組まねばならないとか、主だった課題はみんなわかりすぎるほどわかっています。にもかかわらず、いつまでたってもそこに向かって進めない。その結果、成熟した民主主義国家にあるまじき格差の状態が、解決されずにずっと続いているのです。

その理由を考えるに、恐らく、民主主義というのは成長しているときは楽なのでしょう。

成長によって得られた果実をみなで分配しながら前に進んでいけばいいからです。しかし、全体のパイが縮む方向にあるときは難しい。こちらは減ったものの苦汁をみながなめながら、我慢しいしい進んでいかなければならないからです。その場合、多数決では前に進まないという現実を見せられています。

といった次第で、我々の社会の柱になっている幾つかの根本原理が揺らいでいます。これは大変な事態であり、大きな時代の転換期にさしかかっている気がします。

そのようなことを考えるにつけ、いまはワン・クリックで専門的な知識をどんどん集められる便利な世の中ですけれども、必要なのはオタク的な情報ではなく、日々登場する新しい用語でもなく、姜さんもおっしゃったような「総合知」だと思います。一人ひとりがいまはどういう時代で、自分たちはどのようなところに立っていて、これからどのような生き方をしていくべきなのか、見極めねばならない。そのためには広汎《こうはん》な視野と深い知性が必要です。その一助に、ほんとの一助かもしれませんが、この「本と新聞の大学」がなれたらいいなと念願しています。

七〇年代前半と、九〇年代前半――二つの大きな「変わり目」

姜　いま述べられた三つの不信に私も全く同感なのですが、強いていえば、四つ目の要素としてもう一つ、加えたいことがあります。それは、「生物としての人間」の問題です。人間も当然、他の動物や昆虫と同じく食物連鎖のなかに組み込まれている自然生態系の一員ですが、原発の問題も含めて、いまそこから全く遊離した、あるいは食物連鎖のチェーンを破壊するものとしての人間への懐疑が強まっているように思います。この「本と新聞の大学」には、池内了《さとる》さん（第五回）、福岡伸一さん（第九回）など、自然科学系の専門家もお呼びしていますが、それは、文系的発想ばかりでなく、生物としての人間の問題について考える糸口も欲しいと考えたからです。

それにしても、このような人間社会への不信が芽生えたのはいつごろなのでしょう。あとで一色さんの意見もぜひ伺いたいのですが、私としては、つらつら考えるに、七〇年代の前半ごろに最初の前兆、あるいは最初の変わり目があったように思います。

というのも、まず七一年にいわゆるニクソン・ショックと呼ばれるものが発表され、七三年に金本位制から変動相場性に移行しました。それ以前は一ドル三六〇円に固定されていたものが、時々刻々と移り変わる流動的なものになり、資本の自由化が進む決定的な契機となりました。市場に特化した資本主義、別のいい方をすれば、マネーゲームの時代の始まりです。このなかで、日本経済も大きく変貌していくことになりました。

七三年には第四次中東戦争が起きて、いわゆる石油ショックが起こりました。私は当時のことをよくおぼえているのですが、七二年に『成長の限界』をローマクラブが出し、それまでの潮流はひたすら「行け行けどんどん」の進歩主義でしたから、「現在の成長率が不変のまま続くならば、来たるべき一〇〇年以内に地球上の成長は限界点に到達するであろう」と述べたその内容に、とても驚いた記憶があります。翌七三年には経済学者のシューマッハーが、持続可能な社会の創造を訴えた『スモール・イズ・ビューティフル』を刊行しました。この本は限りある資源の問題や、適正な技術、適正な生産活動などを説いているのですが、とりわけ興味深いのは原発に強い警告を発していることです。原発は地球と生物に害毒を与える「悪魔の工場」であり、いったんつくったら壊すことも捨て去ることもままならぬ「醜悪な記念碑」として残り続けるとしています。

このように、今日の危機の前兆を炯眼《けいがん》な人々がいちはやくとらえ、最初の警告を発したのが七〇年代前半だったのではないかと私は思っているのです。一色さんはいかがですか。

一色　姜さんがおっしゃるのは、今日の問題の「根源」に近いところですね。そのとらえ方も大いにあると思います。その一方で、今日の問題を顕在化させる直接の「引き金」となった時代もあって、それは九〇年代の前半ではないかと私は考えています。

このころ何が起こったかというと、まずは九〇年前後に東西冷戦が終わり、市場、マーケットが地球規模で広がりました。九三年にはGATTのウルグアイ・ラウンドで関税引き下げなどが決まり、世界貿易がより一層活発になりました。そして、最も重要なのは、私は九五年だと思っています。そう述べるには二つ、大きな要因がありまして、一つは「インターネット元年」だということです。九五年一一月にウィンドウズ95が発売されて、インターネットが爆発的に広がりました。これは間違いなく人類社会にとって非常に大きなエポックとなりました。もう一つは、この年は日本の「生産年齢人口」がピークを打った年なのです。生産年齢人口とは一五歳から六四歳までの働く世代の人口のことで、日本全体の人口は二〇〇五年から減り始めるのですが、実は働く人の人口はそれより一〇年も前にピークを打って、すでに減り始めていたわけです。

いま申しあげた三つのこと——すなわち、「グローバル化」「ネット社会化」「人口減」——は、これ、全部デフレの方向に働く要因なのですね。それぞれ説明しますと、まず、グローバル化というのは世界中の労賃がどんどん同じになっていく方向性を持つ話です。単純労働ならば当然、人件費の安いところでつくったほうが安上がりですから、世界的に労賃の競争が起こる。同じように物価の競争も起こります。これにより、経済は先進国ではデフレの方向に動き、新興国ではインフレの方向に動くわけです。

次に、ネット社会というのは「中抜き」が特徴です。中間に介在するものを省いて、たとえば生産者と消費者が直接結びついて、商品を売ったり買ったりする。これは非常に合理化、省力化につながりますので、やはり物価は下がります。

最後に人口ですが、いうまでもなく人口が減ればものごとの需要は落ちます。ゆえにデフレとなります。

ということで、九〇～九五年にかけて現れたこれらの変化によって、今日の日本のデフレ社会がつくられ、「三つの不信」の時代につながったのだろうと私は思うのです。

デモクラシーが「中抜き」で危うくなる

姜　重要な指摘をたくさんいただきましたが、特に九〇年代のインターネットの進展は、その後の社会のあり方を非常に決定づけたと思いますね。「中抜き社会」とおっしゃいましたが、カナダの哲学者、政治学者チャールズ・テイラーのいうところの「直接アクセス型社会」と同じことです。クラウド・コンピューティングなどが、その最適例ではないでしょうか。

中間媒介をなくすのを目的とするものにダイレクト・アクセスするようなかたちが我々の社会に何をもたらすかというと、これは実は大変なことで、人間同士の社会的な関係性が必要でなくなるのです。人間関係によってつくられる家族だとか、地域のつきあいだとか、様々なレベルのグループ、組織。こういったものが全部すっとばされてしまう。中抜きというのは人間の自由の領域を広げる一方、人間をかなり危ういところに追い込む危険性をはらんでいるのです。一九世紀前半に『アメリカのデモクラシー』を書いたアレクシ・ド・トクヴィルが、自由で平等な社会が進展すると、人間同士の関係がだんだん希薄になって、社会の絆《きずな》が劣化していくということを指摘したのですが、その現代版だろうと思います。インターネットは人間社会の自由と平等を一挙に推進しましたけれど、それによって社会の「絆」も一挙に希薄になってしまいました。これはまた現代の不信の一つ、「民主主義」を変質させた一因でもあると思います。

民主主義といえば、先のお話とは若干ずれるかもしれませんが、日本の民主主義はもはや本来の意味でのそれではなくなりつつありますね。最近よくそう思います。たとえば、いまの日本の政策は極端にマーケット主導になっていて、その動きを無視したあり方はすでに考えられません。為替《かわせ》相場や株式相場に黄色いシグナルや赤いシグナルが点灯したら、ガバメントは国民の意志がどうであろうと、それに従った政策をとらざるを得ない。これは明らかに民主主義の本義とは違います。民主主義というのはまがりなりにも国民主権が前提ですから、国民の一票一票の集積の上に大きな政治的決断が行われ、政策が決められるのが本当です。ところが、そうではない。日本の外側にある無国籍な市場というもの、あるいはマネーと呼ばれているものが、政治運営、政策決定の最も大きな決定要因になっているのです。政府はいったいどちらの顔を見ているのか、デモクラシーとは何なのかという話ですね。

一色　ええ。マーケットを見ずに政治を行うのがいいとはいいませんが、あまりにもそれに左右されるのだったら、そもそも政治などは必要ない。民主主義とは何なのか、ちゃんと考え直さねばならない時期に来ていると思います。

姜　経済活動の理想的なあり方というのは、市場の動きをほどほどにコントロールしながら、適正な利潤も出しながら、サステーナブルなかたちの資本主義が続いていくことだと思うのですが、そうなっていません。いまの市場はほとんど野放し、暴走の状態で、かなり危ないですね。しかし、だからといって国家が完全に市場をコントロールして、完全国家資本主義になるのも危ない。ですから、ある程度の内的規制をそれぞれの国が加えながら、なおかつ国際的にも経済活動をアレンジしていけるようなシステムづくりが模索されているのですが、なかなか見えてきません。G7、G8の力だけでは、もはやだめでしょう。かといって、G20ならできるかといえば、それもよくわからない。こうして見ていくと、民主主義と自由主義経済というものは、そもそも原理的に一致しないのかもしれないという気もしてきます。

近代の始まりのとき、私たちはリベラル・デモクラシーというものを基盤にして憲法や制度をつくり、そこには自由経済が最もフィットすると思って推進してきました。ところがそうではなかった可能性もあるわけです。いま世界経済を見渡すとおかしな現象が起こっていて、一色さんもどこかで指摘されていたように思いますが、権威主義的な国家のほうが、むしろ経済が成功しているように見えたりするのです。

会場にいらっしゃるみなさんはご存じかどうか、「デモクラシー」と「テンポクラシー」といういい方があります。テンポクラシーというのはテンポが速い。デジタル的に時間の速度を速めて、どんどんものごとを決定していくことです。これに対して、デモクラシーは時間がかかります。一つのものごとを決定するのにとんでもなく時間がかかる。いわばアナログの世界です。ところが、面白いことに、民主主義が未成熟な社会ほどテンポクラシーがうまくいっているのです。

たとえば、ロシアや中国。彼らは何か問題が起こったら国家として即座に規制をかけます。マレーシアでも一九九七年にアジア通貨危機が起こったとき、マハティール首相がIMFの介入を蹴って独自の経済政策を敢行し、非常事態を切り抜けました。括弧つきですけれども、うまく機能した側面もあったように思います。

「決断」をめぐる諸相

一色　なるほど。日本でいまちょっとその気配があるのは、大阪の橋下《はしもと》徹さんではないでしょうか。橋下さん個人の考えを知るには、二〇一二年三月に出した「維新八策原案」がいいと私は思いますが、彼が訴えていることは大きく二つあるように思います。一つは新しい政治の仕組みをつくりましょうということです。たとえば、一院制だとか、道州制だとか、首相公選制だとかいった提案です。もう一つは生まれながらの格差を少なくして機会の平等な社会をつくりましょうということで、「格差を世代間で固定化させないために、最高の教育を限りなく無償で提供」とか「一生涯使い切り型人生モデル」といった文言が入っています。

好き嫌いは別として、私は彼を見ていると、「決められる政治」という言葉が浮かんでくるのです。政治にも二つあって、一つは「決められる政治」、一つは「決められない政治」です。いまのお話の流れでいいますと、テンポクラシーは決められる政治のことですね。これに対して、いまのデモクラシーは決められない政治。そこに国民の苛立《いらだ》ちがあるわけです。自分たちもテンポクラシーはできないのかと、中国やロシアをちょっとうらやましく思ったりする。そのような思いが、どんどんものごとを決めて、どんどん前へ進もうとする橋下さんのような人の人気を押しあげる要因になっているのではないでしょうか。

私自身は橋下さんに対しては、期待と同時に不安もあるのですけれども、姜さんはどのようにご覧になっていますか。

姜　ええ、色々な見方ができると思いますが、私はある雑誌に「ハーメルンの笛吹き男」と書きました。

ハーメルンの笛吹き男とは、ドイツで一三世紀ごろ、子ども一三〇人くらいをかっさらった伝説の人物です。これには幾つか解釈があって、一つは市民から頼まれて町のネズミの駆除を行って成功したのに、報奨を与えられなかった。そこで腹いせに笛を吹き鳴らして子どもをさらったという話。はたまた、祖国防衛のためにドイツ騎士団のようなものをつくって子どもと一緒に戦った英雄なのだという説もあるようです。多少胡散臭《うさんくさ》いけれども派手な面白さがあって、ついていってみようかなと思わせる辺りは、橋下さんによく似ているのじゃないでしょうか。

ともあれ、一つ確実にいえることは、彼のような存在を望み、彼のような存在をつくりだそうとする背景が、社会のほうにまぎれもなくあるということです。

一色さんがおっしゃったように、いまの民主主義は確かに「決定」ができません。世界の歴史で見ると、ドイツの一九一九～三三年のワイマール期に、同じように「決定できない状態」が著しく現れたことがあって、小党分立したのですけれども、いまの日本もそうですね。政党政治が劣化して何も決められない。だからある種の強引さを持ったリーダーにみなが魅力を感じるのでしょう。何を決めるかではなく、決められるということ自体に価値を見出《みいだ》している。いわゆる「決断主義」というものです。

先ほどテンポクラシーのことをいいましたけれど、いまの中国共産党、あるいはプーチンの現代版のツァーリズムみたいなものも一種の決断主義で、彼らは資本主義の放埒《ほうらつ》な部分にかなり強くグリップをかけています。そのコントロールのおかげで激変、急変は起こらないという安心感が生まれ、新興中産階級の支持を集めているところがあります。

しかし、私たちの社会は彼らとは違います。国民の自由意志が絶対的に尊重される社会です。それゆえに、ぐずぐずと何も決まらないながらも、我々は民主主義においてはロシアや中国などよりよほど先進的だという矜持《きょうじ》を持ったりしているのですけれども……、どうなのでしょう、この状況がどんどん行き詰まっていくなかで、苛立ちも増しているわけですからね。

一色　ええ。とりわけ震災後のこの一年、決められないことによる苛立ちが強くなった気がします。震災への様々な対応は一刻を争うべきであっただけに、決断力のなさが浮き彫りになりました。まあ、確かに「合意形成」を慎重にすることが、我々が安心できる社会をかたちづくるのだという考え方もあると思いますけれど、それにしてもね。

姜　そうなんです。

一色　震災にまつわる政府の対応については、姜さん、何か意見はございませんか。

姜　そうですね。「非常事態」というのは諸刃《もろは》の剣《つるぎ》で、これを口実に使って強権的に社会の制度や仕組みを変えることもできてしまう。ですからよっぽど慎重にならないといけません。そのために、「合意形成」に時間をかけたというのであれば、見どころもないではないけれど、そういうことでもなかったですね。

また、もし民主主義の成熟ということをいうのならば、「これは例外状況である」という意識をしっかり持って、すみやかに超法規的な措置を行い、事態が収束したらすみやかに元に戻す。そのようなことができたのなら、まさに成熟した民主主義社会だといっていいでしょう。しかし、そういうことでもなかった。そもそも非常事態、例外状況という認識すら持てていなかったのではないでしょうか。

ですから、これはもう、いまの日本の統治機構の根本的な問題点かもしれませんね。つまり、政治家個人がある考え方を持っていても、全体の流れに対して無力でしかあり得ない。意志決定者が答えを出さずに権力機構のなかに逃げ込んでしまっているのか、あるいは、意志決定をしようとしてもそれを埋もれさせてしまうような構造的な何かがあるのか。震災後の様々な動きに関しては、私は一般の市民の意志と行動力のほうが、はるかに力強かったと思います。

一色　原発事故の際の政府対応のうち、私は一つだけ見るべきものがあったと思っていて、それは、当時の菅直人《かんなおと》首相なんです。事故のとき、職員が第一原発から第二原発に全員退避しようとしましたでしょう？　その際、彼は「撤退なんてあり得ない」と言って東電へ乗り込んでいった。原発対応で菅さんに色々問題はあったのでしょうが、その一点は、私は評価していいと思うのです。あのようなことは菅さんみたいな直情径行の人でないとできないと思います。残れと命じて残った人たちが万一死亡したら、命じた人の責任は重大ですし、生命を軽んじたとして断罪されかねません。それだけに、いい方を変えれば、あのようなリスキーな命令は首相以外にはできなかったともいえる。だから私は、彼が「撤退なんてあり得ない」と言ったのは正しい態度だったと思うのです。よくも悪くも日本人というのはリスクを取りたがりませんから、珍しいパターンですよ、これは。他の人が首相だったら、「全員退避、だけど戻る準備はしておけ」のようなことを言ったのではないかと思ったりします。

あの原発事故は、日本の決定力のなさも浮き彫りにしましたし、いろんな意味で、我々の国民性のようなものを浮き彫りにしましたね。

ドイツに続け――日本のエネルギー政策のこれから

姜　同じく原発の流れですけれども、一色さん、少し趣旨を変えて、日本のエネルギー政策の今後についてちょっとお話ししましょうか。私、実はこの二月から三月にかけてドイツに行ってきたのですが、彼らは我々に先立って脱原発を決めました。向こうでも色々なことを考えていましたよ。

メルケル首相は日本の三月一一日を受けて、ミュンヘン郊外のイザール原発の第一基を即座にとめ、「倫理委員会」を立ちあげました。以前からあった委員会は「原子炉安全委員会」といって、いわゆる専門家の集まりです。「倫理委員会」は、政界、経済界、教会、労働組合の代表など一七名からなる全く専門外の人たちです。私はこの倫理委のほうに注目しているのですが、なぜメルケル首相がこのような門外漢の人々による組織を立ちあげたのかというと、それは、全体状況を判断するためには、やはり「総合知」が必要だと考えたからです。

原発そのものは専門家にしかわからない科学技術の世界の存在です。しかし、原発を取り巻く諸問題は社会全体にかかわり、国民の暮らしすべてに影響を及ぼすものですね。だから、専門知のみで問題を考えて、国民の社会生活から浮きあがってはいけないのです。逆に、国民の社会生活のほうに知を埋め込むようなものでなければならない。そんな思いから、首相は総合知の人々のチームをつくったのだと思います。そして、彼女は二〇二二年までに稼働中の国内一七基の原発をすべて廃止すると決めたのですが、その決断は倫理委の答申に主によっていたそうです。原子炉安全委員会のほうの意見はあまり重きをなさなかったと聞いています。

私たちは何事か問題を考えるとき、普通、それが属している分野の専門知を集めようとします。正確を期すためにはそれが最良の方法だと考えてしまう。でも、実はそうでもないのですね。その問題が社会的な広がりを持っていて、多くの人々の生活にかかわるような場合は、広汎な総合知から眺めるほうがいいのです。それは、原発に限らず他の科学技術でも、また、今日ずいぶんお話しした市場経済の問題などでも同じことだと思います。

一色　なるほど。ドイツはエコロジーへの取り組みに熱心ですし、いま、色々な点でいい方向に行っている国かもしれないですね。日本も今年はいよいよ今後のエネルギー政策をどうするか、大方針を決めなければなりません。ドイツのあり方のなかには参考にできることがけっこうありそうですね。

姜　ええ。彼らにできたのだから、日本にもできないはずがないですね。

ドイツの原子力論争には、相当長い歴史があります。発端は緑の党が出てきたときで、一九八〇年代に議論がかなり盛んになって、シュレーダー政権の二〇〇〇年にようやく原発をやめていく方向で基本的な骨子ができあがりました。その試行錯誤の果てに現在があるのです。四〇年近くもかかっているのです。ドイツにとっても、エネルギー政策の方針を変えることはベルリンの壁の崩壊に等しいぐらいの「チェンジ」だったと思いますよ。

日本の場合は今回の福島の問題があって初めてスタートしたのですから、これから長い道のりになるのは当然ですね。だから、私はあまり悲観的ではありません。ドイツだって四〇年近くかかったのですから、日本が一、二年でクリアできるわけがないのです。

それから、我々がぜひ心にとどめておかなければならないことが一つあって、ドイツの人たちに話を聞くと、彼らはみな、日本でこのような事態が起きたから原発をやめたというのです。逆からいえば、日本以外だったらやめなかったかもしれないということです。

何だかんだいっても、国際社会のなかで見れば、日本はかなりきちんとしているほうなのですね。その日本があんなことになった。これは大変だ――と。我々にとっても事故は衝撃でしたが、世界の人々にとってもかなりの衝撃だったのです。メルケル首相は理論物理学の出身ですから、科学技術に信を置くところがあって、もともとは「行け行けどんどん」タイプの人でした。その人が、原発はやっぱりやめようと決めたのですから、よほどショックだったのに違いありません。

加えてもう一つ意識しなければいけないのは、繰り返しになりますが、首相の決断に倫理委員会の意見が大きく反映したことです。これからの社会づくりを考えていくうえにおいては、やはり総合知、あるいは人文科学の復権のようなことがとても重要になると思います。

一色　ドイツの脱原発について語るとき、よく、ヨーロッパは電線がみんな結ばれているので、電力が足らなければフランスから輸入すればいいのだといったことがいわれます。私は実は日本でも、アジアの国々とのあいだに電線を結べばいいと思っているのです。たとえば、日本の博多と韓国の釜山《プサン》の距離は約二〇〇キロです。東京電力の福島第一原発から首都圏までは二五〇キロくらいあるのですから、こちらのほうが全然近いのです。イギリスとオランダのあいだなども、海底ケーブルでつながっています。高圧の直流で送るとロスも少ないのだそうです。だから、日本も韓国と電線を結ぶ。あるいは北側に目を向けて、ロシアとも結ぶ。あり得ないことではないと思います。

そのようにいうと、反対する人はすぐ、安全保障の問題を外国に握られていいのかとおっしゃるのですが、私は基本的に、できるだけ国家間で多くのものを輸出入するほうが安全保障になると思っています。安全保障とはそういうものではないでしょうか。

実際、世界を見渡すと、多くの国が他国と電力の輸出入をしています。ですから、あまりこだわりなく、外国としっかりやりとりしたらいいと思います。韓国ではしばしば停電が起こりますが、そんなときも、日本から余った電力を融通することができますよね。これは日本海を挟んだ経済圏の発展にもつながることですから、ぜひやってみるべきだと思います。

姜　大賛成です。私も実は以前から東北アジアのエネルギー共同体みたいなものを考えていたのですよ。

電力のことも含めて、私たちはいま確実にこれまでの常識を変えなければいけない時期にさしかかっています。一国単位のフルセットで生産も消費もエネルギーも完結させるような考え方は、もはや無理です。そうではなく、多国間で色々なものをシェアするのがいい。食糧も、資源も、電力のようなエネルギーもシェアしあう。それはつまりリスクのシェアであり、おっしゃるように安全保障でもあると思います。

ちなみに、それは通貨の世界でもすでに行われています。東アジア八ヵ国においては、いずれかが通貨危機に陥った場合、参加国間で通貨を融通しあう「チェンマイ・イニシアティブ」が発効していますし、とりわけ韓国とのあいだではスワップ限度額を五兆円規模とする取り決めが二〇一一年になされました。にもかかわらず、エネルギーだけなぜ狭い了見で牙城《がじょう》を守っているのかという話なんです。日、韓、そして将来的にはロシアの天然ガスなども含めて、エネルギーや資源をやりとりできるようになるといいですね。

島国の日本ではこれまで「地域主義」の考え方はあまり根づかずにきましたけれども、そういうものをブレークスルーしていくことで、多様な、かつリスクを分散した社会をつくれる可能性はあると思います。リスクを分散化して、分権型の社会を実現する。これは現代的なキーワードの一つではないでしょうか。

いま、「社会」とは何かを考える

一色　そろそろ時間が迫ってきましたので、あと一つだけ姜さんにお伺いして終わりにしたいと思います。

三・一一の洗礼を受けたことによって、いまお話しいただいたエネルギーの問題や、安全保障の問題、あるいは様々な政策決定のかたちなど、日本はこれから大きく変わる可能性が出てきました。いい方向に変わりそうなものもたくさんあります。しかし、悪い方向に行きそうなものも、ないではありません。

たとえば、豊かさの問題、雇用や賃金をめぐる状況では、「格差」ということが深刻です。また高齢化、少子化がさらに進んでいくなかで、様々な制度をどう組み直していくかといった問題もあります。地域社会をどうつくっていくかという問題もあります。放射能の危険性の残る福島などでは、格差ならぬ「分断」という言葉が、いまキーワードのようになっています。村に戻れる、戻れないということだけでなく、色々な意味で人々の暮らしや生産活動がばらばらに分断されているのです。被災地とその他の都市も分断されている感じがします。このようなものを見ながら、いまの日本はいい方向と悪い方向の両方を抱えながら動いているなという印象を、私は抱いています。姜さんはどのようにご覧になりますか。

姜　しばらく様々な局面で優勝劣敗が透徹されていく状態が続いて、地域間格差も大きくなっていたわけですが、その地域のなかでさらに分断が起きているのですから深刻ですね。その一方で、いわゆるピンキリのピンのほうにも、今後は、たとえば、一〇億円以上の資産を持っている本当に少数の超豊かな人たちが、タックス・ヘイブン、つまり法人税がいっさいかからない、市場原理主義が真に徹底した理想の人工国家をつくろうとするような動きが出てくるかもしれませんね。

では、そうした事態に対する処方箋《しょほうせん》はないのかと問われたら、これという明快なお答えもできません。しかし一つだけいえることがあって、それは、とにかく我々はいま、「社会」というものを虚心坦懐に見つめ直さなければならないのではないか、ということなんです。というと、何だそんなことかとおっしゃる人もあるでしょう。当たり前じゃないかとおっしゃる人もあるかもしれません、しかし、当たり前のようで、当たり前ではないのです。我々は存外に、「社会とは何か」などということは、まともに考えたことがないのではないでしょうか。でなければ、一%と九九%などというとんでもないことが、まかり通っているはずがないのです。

英語のsocietyを「社会」と訳したのは福沢諭吉だといわれていますが――福地桜痴《おうち》だという説もありますが――、この言葉をよく見ると、やしろの「社」と、農村の人々の集まりである「会」を合わせて、一つの熟語になっています。ということは、社会とは単なる烏合《うごう》の衆ではなく、有象無象の群れでもなく、人と人とが何らかの共通の価値観や関係性を持って集っている場所であることがわかります。また、面白いエピソードが一つありまして、福沢は当初、societyに「人間交際」という訳語を当てていたそうです。この訳語からしても、社会という言葉がもともと含んでいた意味が理解されますよね。いまでは社会という言葉はたいした思い入れもなく安売りされていますが、また「社会」よりも「個人」のほうを大切にするような空気も満ちていますけれども、もともとは深い意味があったのです。

ですから、いま、もう一度原初の語義に立ち帰って、社会とは何なのか、じっくり考えてみてはどうでしょうか。いまそれは非常に問われていると思います。「中抜き社会」の問題もあります。「絆の再構築」という課題もあります。「新たなる民主主義の構築」という課題もあります。それらのすべてにつながることではないでしょうか。

時間の関係上、これ以上立ち入ったお話ができないのが残念ですが、このような問題も含めて、この「本と新聞の大学」では政治学、経済学、社会学、あるいは科学技術、さらには生き物としての私たちの社会に埋め込まれた知みたいなものも含めて、答えを引きだしていきたいと思っています。ぜひ、みなさん、ご一緒に考えていきましょう。

一色　姜さん、みなさん、ありがとうございました。第一回の基調対談は以上で終わりますが、このあと、質疑応答の時間を少し取らせていただきます。どうぞ何でも質問してください。

【Q&A】

「責任」の問題にどう向きあうか

Q　三・一一から一年ということで、そのあいだの政治のあり方のお話を伺うなかで、「責任」というテーマが出てきました。菅首相はあのような性格からリスキーな決定をされ、ある種の責任を負うことになったけれども、他の人たちだったらもっと責任を取らずに済む行動や言動を取ったのではないかという一色さんのご指摘でした。私たち一般市民からすると、政治にせよ、行政にせよ、科学技術にせよ、行為者が責任を考えずに何かをなすということ自体、違和感がありますし、そんなことがあっていいのかと思うのですが、いま、責任の意味をどう理解し、どのように見つめていったらよいのか。それとの向きあい方のようなことについてお考えを聞かせてください。

一色　責任論というのは、正直、なかなか難しいです。原発事故についてもまだ定見はなく、事故についての検証が続行されている段階です。先般、福島原発事故独立検証委員会

（民間事故調）がまとめた調査・検証報告書が出ました。市販もされるそうなので、読んでみてください。この他に「失敗学」で知られる畑村洋太郎先生が取り組んでおられる事故調もありますし、国会で組織されている東京電力福島原子力発電所事故調査委員会（国会事故調）でも、いまも黒川清先生が代表になって調べておられます。

そのように事故調がたくさんあって、原因はどこにあって、何に責任を求めるべきなのか、一生懸命検討されているのですが、彼らが取り組んでいるのは、基本的には「三・一一以後」の対応についてのみです。ですから、事故調の報告が全部出揃《でそろ》っても、責任の所在がすべて明らかになるわけではありません。実際のところ、問題の根は「それ以前」からあったわけで、事故後の誰の対応が悪かったからその後の市民の痛みが大きくなったとか、被害が広がったという責任だけではないのです。

そもそもなぜこの事故が起こったのかさかのぼって考えるならば、なぜあのような低いところに非常用電源を設置したのかとか、設計したのは誰なのかとか、命じたのは誰なのかといった話になります。もっとさかのぼれば、なぜ東北の福島県のあの場所に原発をつくったのかという問題もあります。あるいはもっとさかのぼれば、一九五四年の第五福竜丸の事件とか、日本に原発を持ち込んだ正力松太郎さんとかにも触れる話になっていくわけです。

ですから、責任というとき、どこまでを含めて問題を追及するのか。そこをまずはっきりさせないと議論が始まらないところがあります。事故調はそこまで踏み込まず、それ以上の議論はメディアに丸投げという感じですが、公的な場でもある程度は検証して、ここに至った理由をみんなで考えられるよう、材料を提示すべきだと私は思っています。

姜　私が一番驚いたのは、事故が起きたあとに官邸が『六法全書』を引きだして、「原子力災害対策基本法」の文言を精査していたことでした。思うに、法案が決まったのち、歴代の自民党政権や民主党政権のなかには内容について詳しく知ろうとする人は恐らく誰もいなかったのではないでしょうか。だから、このようなことが起こって初めてあわてたのだろうという気がします。

それはまた、日本における公文書への認識の薄さ、あるいは公文書の作成に関する経験の浅さにも関係していると私は思っていて、というのも、アメリカでは事故後、三〇〇〇ページにわたる原発に関する公文書が出ましたが、当事国である日本のほうはわずか七十数ページでした。しかもそれは単なるメモ、あるいは人の記憶を頼りに作成したものでした。

緊急事態だったということはあるにしても、公文書の作成や公開に対するトレーニングができていないことも、原因の一つとしてあるのではないでしょうか。アメリカという国は色々批判はありますが、公文書の公開が常にきちんとなされる点は非常にいいところだと思います。

それから、責任の問題に関しては私は一つ気になったことがあって、先述した民間事故調の報告書を読んでいたら、「エリートパニック」という言葉が出てきたのです。エリートパニックとは社会の比較的上流の人々が、下層の人々が災害に乗じて火事場泥棒的な騒乱を起こすのではないかと恐怖してパニックに陥ることで、つまり、国民に事実をすべて知らせたら収拾のつかない事態に陥る可能性があるので、「よらしむべし、知らしむべからず」で情報統制をしようとしたというのです。

このようなことがわかると、いったい国というのは誰のためにあるのか、国の権限というものはどうやって決まるのか、まことに疑問がわいてきます。民主主義社会においては、為政者の権限というのは常に国民から委任されているだけですから、政策で決められることも公の範疇《はんちゅう》にあり、私のものではないと思わなければいけないのですけれど、どうもその認識が薄いようです。権限の上にあぐらをかいている人ばかりのように見えますね。

ですから、今回の事故は日本だけのローカルな問題ではなく、国民の生命や人生にかかわる重大事件が起きたとき、国家はそれとどのように向きあい、どのように決着させるべきなのかという一つのケーススタディとして、全世界に発信していく必要があると思ったりしています。

同じような責任の問題は、一九四五年の敗戦のときにもありました。あのときも、日本はなぜ戦争に突き進んでいったのか、なぜあのような結果になったのか、国家として正式に追及し、記録を残すべきでした。しかし、公的には実施されませんでした。一時外務省がやろうとしたようですが、うやむやに終わりました。ですから、今度こそやらねばならないと思います。今回のことはその意味でも重要で、ある種の試金石になるかもしれません。

責任の追及の前に、まず検証をしっかり行って、どのような原因があって、どのようなプロセスを経てこうなったのか、そこには誰がエージェント（仲介者）として関与していたのか、あるいはその背景になっている構造、それから一色さんがおっしゃったような、かなりさかのぼった歴史的な要因まで含めて、明らかにしなければいけないと考えます。

世界がかたずをのんで見守っていると思って、真剣に取り組まなければなりません。

「メディア」の正しいあり方とは

Q メディアの報道のあり方についてご意見を伺いたいと思います。先ほど姜さんが「エリートパニック」ということをおっしゃいましたが、先日、あるメディアの企画したフォーラムに参加したとき、やはり、三・一一の直後、国民にパニックを起こさせないために報道規制がかけられた部分があったと聞きました。すると、コメンテーターの池上彰さんが、わからないということをあえてメディア側はいったほうがよかったのではないかとおっしゃったのです。
そこでお尋ねですが、そのような場合、メディア側はどんな姿勢を取るべきなのでしょうか。また、国民にパニックを起こさせないために規制がかけられたことは正しかったのでしょうか。お二人はどう思われますか。

一色　これもまた非常に難しい問題です。確かに、池上さんがおっしゃるように、わかりませんというほうが誠実な答えだったのかもしれません。しかし、「不明です」で通すのであれば、たとえば私のような者が番組に呼ばれる意味もありません。あるいは別の点からいえば、三・一一後数日はコメント自体が要らなかったのかもしれませんけれど、「わかりません、視聴者それぞれが考えてください」では、視聴者は出演者の役目を果たしていないと怒ったでしょう。

ですから、本当の意味での誠実が何だったのか、正解は出しにくいのですが、我々の立場としては、やはり、少なくとも自分がこれまでに積み重ねてきた知識や経験を生かす。あるいは、改めて原発に詳しい人たちに取材するなどして、現段階では少なくともこういうふうに考えられるということをマイルドなかたちで伝える。それが精いっぱいだったと思います。

ただ、いま振り返ると当時はそこまでもできなくて、コメンテーターはほとんど役に立っていなかったというのが自責の念も含めた正直な気持ちです。

姜　私はメディア関係者ではなく、その場には出ていませんのでお答えしにくいのですが、同じようなことはイラク戦争のときにもありました。サダム・フセインが大量破壊兵器を持っているのではないかといって、アメリカの当時の国務長官が国連安全保障理事会で色々証拠を示した、あの一件です。アメリカのいい分はドイツやフランスをなかなか納得させませんでしたが、そこまで自信を持っていうのであれば、兵器を持っている可能性もあると日本のメディアは考えました。そこで各方面に、あると思いますか、ないと思いますかという質問をずいぶん投げかけました。

そのとき私も質問を受けまして、私は自分の考えで「ない」と言ったのです。すると、どうしてないのですか、反証を挙げよと突っ込まれました。「ある」と答えると、司会者はそれ以上問わないのです。これはおかしなことで、すでにしてアメリカのいい分の上に乗っかって、バイアスがかかっているわけです。

正直いって、私はそのときどちらなのかわからなかったのですよ。情報は何もありませんでした。思うに、サダム・フセイン自身もわからなかったのではないでしょうか。自分の知らないところで軍の誰かが大量破壊兵器を隠し持っているかもしれないのですから。

したがって、誰にもわからないし、確証は何もなかった。しかし、私は「ない」に賭《か》けてみようと思ったのです。

ちょっと迂遠《うえん》な回答になりましたけれども、ですから、完全に情報がないときでも、時と場合によっては、「自分はこう思う」ということを自分なりの信念によって答えることは、いい加減な態度ではないと思います。

我々はメディアを通じて日常的に色々な情報を得ていますが、伝えられた情報が事実なのか、事実でないのか、正しいのか、正しくないのかは、最終的にはわかりません。自分で判断せざるを得ないのです。最終的な判断は、メディアではなく、受け取る我々自身にゆだねられているのです。私はそう思います。ですから、メディアに真贋《しんがん》のゲタを預け切って、絶対に間違いのない情報を提供してくれるのが当たり前だと思うのは、やや甘いのではなかろうかという気がします。

個人がその辺りのアンテナを普段から磨いていれば、直感的に、この発表はおかしいのではないかといった判断も働くようになります。その力のほうをこそ我々は信頼すべきだし、その力をアップする努力を、常にしておきたいです。そのために、私は総合知の必要性を訴えているのであり、生ものと干ものをバランスよく取り入れることをお勧めしているのです。

私自身は、メディアの役割は既知数として持っている情報はすべて出す、逆に、未知数のことはいわないか、未知数であることをはっきりと断って出す。そんなシンプルな仕事に徹することだと思っています。情報を伝えるメディアと、それを受け取って判断する私たちと、それぞれが認識をしっかり持って、みずからの尽くすべき役割を全うしていきたいものです。

第二回　私的新聞論――プロメテウスの罠

依光隆明

〔よりみつ・たかあき〕

朝日新聞編集委員。一九五七年、高知県生まれ。一九八一年高知新聞入社。社会部、経済部などを経て二〇〇五年から社会部長。二〇〇八年一一月、編集局次長で退社し、一二月朝日新聞入社。水戸総局長などを経て東京本社特別報道部長を務めた。高知新聞時代の二〇〇一年、県庁の不正融資を暴いた「黒い陽炎—県やみ融資究明の記録—」の取材班代表として日本新聞協会賞を受賞。二〇一二年、東京電力福島第一原子力発電所の事故を追跡・検証する連載企画「プロメテウスの罠」の取材班代表として同賞を再度受賞した。現在も同企画の取材班キャップを務める。

（講義日　二〇一二年三月一九日）

【講演】

大本営発表といわれて

今日は新聞というものについて、その一端だけでも知ってもらいたい。事実というのはどういうことで、それをつかむために新聞記者がどういう仕事をしているのかということを、知っていただけたらいいなと思っています。

二〇一一年三月一一日に東日本大震災が起きました。僕は六日後から、津波の被災地と福島県の汚染地帯を歩いたというか車で回ったんですけれども、その後しばらくして、新聞は大本営発表ではないかという批判が出てきまして、現場の記者はとまどったんです。食べ物もない、寝るところもないなか、懸命に伝えるべき情報を発信してきたと思っているのに、大本営発表だと批判された。自分たちは、信頼できる情報を努力して、精査して書いているのになぜだ、という思いです。

考えてみると、信頼できる情報というのはすごく難しいところがあります。たとえば、震災後一週間して、僕は宮城県の牡鹿《おじか》半島に入ったんです。牡鹿半島では、集落が軒並み津波で流された。漁師のおじさんと話すと、「津波は、どう見ても高さ三〇メートルはあった」と言う。そのとき、確か、新聞で一〇メートルぐらいの津波と書かれていたんです。漁師さんは津波の痕跡《こんせき》を指さして「見てみろ。どうしてこれが一〇メートルだ、嘘書くな」と怒っていました。

とはいえ新聞記者が巻尺を持っていって津波の高さを測れるかというと測れません。公式の情報を載せるしかない。結局、何ヵ月かあとに大学の先生方から、何メートルの津波でしたという情報が出て、初めてそれを新聞に載せるということになった。だから、最も必要なときに、情報がなかなか現場に届かないということがありました。

三月一五日、これは「プロメテウスの罠《わな》」にも書いたんですけれども、原発から二〇キロちょっとの浪江町《なみえまち》で毎時三三〇マイクロシーベルトという放射線値を、文科省茨城原子力安全管理事務所から来ていた渡辺さんという人が計測しました。人が住んでいるところで放射線値が最も高かったのはそのときではないかと思うんですが、渡辺さんは放射線の仕事を四〇年やっているから、その数値の意味がわかる。もうびっくりした。そこで、すぐに報告したかったけれども携帯電話も衛星携帯もつながらない。とにかく山道を、その辺りは至るところ道路が壊れたり落石があったり亀裂《きれつ》が走ったりしていたんですが、その真っ暗な山道を車で必死に走った。公衆電話のある場所まで走っていって、「こんな高い数字が出ている。早くこの線量を発表してください」と文科省に電話した。

渡辺さんは「とにかく早く発表してくれ」と言ったんです。ところがそのときに計測された数字、三三〇マイクロシーベルトは、文科省のホームページに地区名を伏せて発表され、新聞にも地味に、わかりづらく出ました。枝野幸男官房長官（当時）は、「高線量が出てるところもあるけれども、直ちに人体に影響を与える数値ではないですよ」というような説明まで会見で述べた。

なぜ枝野さんがそんなことをいったのか。なぜ新聞はわかりづらい記事を書き、枝野さんの発言をそのまま載せたのか。自分なりに調べてみたんです。調べたら、なぜそういう載せ方をしたかというのは、朝日新聞の社内でもよくわかっていない。枝野さん本人も、何でそういったか、よくおぼえてない。枝野さんは非常に冷静そうに見えるんですけれども、恐らく官邸のなかがパニックだった。結局、官邸も新聞社も半ばパニックだったと、僕は思うんです。

むしろ、現場の人たちのほうが冷静だった。逃げた住民たちの話を聞いても、彼らのほうが冷静だったと僕は思います。しかし新聞にとって信頼できる情報というのは、信頼できる機関、信頼できる学者さん、そういうところから出てくる情報ですので、結局、政府が発表する「直ちに影響はないんですよ」という情報を載せてしまう。

ところが現実には情報を出す本人たちがパニックになってるし、国民がパニックになることを懸念した――と細野（豪志《ごうし》）さん（当時、首相補佐官）があとでいうんですが――そのためにろ過された情報であるがために、結局、出てくる情報が現場の実感とは大分違った情報になってしまって、それが繰り返されることによって、大本営発表という評価につながった面もあるように思いました。

間接情報と直接情報

事実を伝える情報には、間接情報と直接情報とがあります。津波は三〇メートルあったではないかといわれたときに、自分で物差しを持って波の高さを測るのが直接情報。放射線値も、サーベイメーターを持って自分で測って、ここはこういう数値でしたというのが直接情報です。

　間接情報というのは、津波の高さについては、たとえば東大の地震研究所などが調べた情報を地震研から聞いて書く。あるいは、放射線値なら、文科省が測ったデータを載せる。これが間接情報です。最近では、事故調査委員会というのが幾つかできていますけれども、事故調査委員会がこういうことを調べて、こういう結果を出して、こういうことがわかったと書くのは間接情報です。

　直接情報というのは、実はリスクがある。朝日新聞の調べではこうだったと書きますから、すべての責任は朝日新聞に帰します。間接情報というのは、楽といったら楽なんです。東大地震研の調べではこうです、あるいは、文科省のデータではこうですと書きますから、新聞社の責任は軽い。

　新聞の場合、多いのは間接情報です。その典型が警察取材です。なぜかというと、僕たちは捕まった人間に会えませんから、間接取材しかできない。たとえば目の前で人が殴られて、殴った人間が捕まった。それで記事を書けるかといえば、殴った人間の名前から逮捕容疑まで自分たちで調べないと書けない。警察に聞かずに一つひとつ調べられるかというと、それは事実上できませんから、結局、警察からの情報でないと書けないんです。つまり警察の発表に頼るわけですが、これが実はすごく危うい。

僕は朝日新聞の水戸総局長を一年間やりました。朝日に入社する前は高知新聞に長くいました。高知新聞は、地元では圧倒的なシェアを持っていますから、対警察との関係でも立場が強い。警察も、高知新聞には適当なことをいってはだめだと思っている。ところが、茨城に行くと朝日新聞のシェアも低いですし、警察の対応が、こんなものかと驚いたことがありました。

報道メモがファクスで流れてきまして、それをもとに電話で取材して話を聞くんですけれども、危ないなと思ったのが、容疑者のコメントです。容疑者が容疑を認めているかどうかはイエスかノーの二つに一つですから間違えようがない。ところが容疑者が「〇〇といっている」という発表は、これがどうもあやふやで、聞くたびに変わってきたりするんです。

どういうことかというと、容疑者を捕まえて調べるのは、現場の刑事さんの仕事です。刑事はそれを上司の刑事課長に報告し、それを刑事課長が副署長に報告して、副署長がマスコミに発表します。すでにそこで、間接情報の伝達が繰り返されているわけです。マスコミ発表ということにそれほど真摯《しんし》な態度でない副署長がいたりしますので、少しばかり曖昧な発表が出てくることがある。

僕は、あるときから、できるだけ「容疑者は○○といっている」というコメントは載せないように努めました。容疑者は捕まっていますから、記事の内容が自分がいったことと違っていても抗議できません。ということは、ひょっとしたら容疑者の意図と違うコメントが世間に流通してしまう懸念も考えられます。

匿名性の罠

警察情報というのは、容疑者のコメントの他にも、色々と危ういところがあります。新聞記者の一日は忙しいものです。たとえば、総局の若い記者を例に挙げると、朝、警察署に行って、それから現場に行ったり、他の事件、事故があったらそちらにも行ったりして、夜は、夜回りというのをやります。

夜回りというのは、刑事課長とか警察幹部の家に行って、あの事件はどうなっていますかと聞く。そして夜一時ぐらいに社に帰ってきて、夜回り帳というノートにその内容を書く、こういう毎日を繰り返しています。夜回りなんてもうやめたらいいのではないかと思うんですけれども、よその社も夜回りをするからやめられない。

夜回りで大事な情報が出て、それが自分の新聞に載っていなかったら、実は載っていなくても社会的にはあまり影響はないんですけれども、担当記者にしたらそれは怖い。逆にいうと、他社が知らないことを自分がもし書けたら、上司や先輩からの評価が高くなったりするので、それを励みに頑張るという構図もあります。

この夜回りにも危うさがあります。夜回りというのは、いわゆる警察の公式発表とは違いますから、色々なことを話してくれるケースもあるんですが、夜回りに行ってつかんだ情報が正確かというと、けっこう危うい。

高知新聞で社会部長をやっていたときに印象に残った事件があります。収賄《しゅうわい》容疑で公立病院の院長が捕まった。捕まった院長は、一貫して容疑を否認していた。ところがあるとき、朝日新聞をはじめ全国紙とテレビ局が一斉に、院長が容疑を認め始めるという記事を出したんです。

高知新聞というのは、さっきいったように、地元ではすごく強い新聞社で、院長が容疑を認めてはいない、という情報を入手していた。しっかりした情報です。では他社がなぜこういうことを書いたかというと、県警の幹部に夜回りしたときに、その幹部が、「容疑を認め始めたよ」とささやいたようです。高知新聞は、自分たちの取材に従って書かなかった。それらしいことをほのめかしたが、自供ではない、と。

この事件では、結局、院長は容疑を否認したままだったように記憶しています。容疑を認め始めたというのは、それらしいことを一瞬しゃべったようですから、嘘とまではいいませんけれども、事実ともちょっと違う。汚職事件という非常に大きい事件で、しかも大物の病院長を捕まえて、早く自供させたいという深層心理が県警幹部にあったと僕は思うんですが、夜回りではこうしたことが起こってしまいます。

問題の背景はというと、夜回りでささやいてくれる幹部は匿名なんです。名前が出ない。誰だかわからない。匿名だからいいやすい側面があるんですね。いいやすい雰囲気は大事なことなんですが、匿名というのは怖いんです。政治家の場合によくあるんですけれども、意識的に事実ではないことをいって世の中の様子を見ることもある。あるいは自分の立場を優位にしてしまう。そういう懸念があるので、匿名というのは危うさを持っている。

一九九一年、四歳の女児が誘拐・殺害された足利《あしかが》事件で逮捕され服役までした菅家《すがや》さんは、ご存じのように無実だったんですけれども、菅家さんが捕まったとき、一部の新聞では彼は「ロリコン趣味の四五歳」ということになっていました。ロリコン趣味という人物評価がどこから出てきたかを推測すると、結局、これも、誰だかわからない関係者が、菅家さん宅に少女を扱ったアダルトビデオがあったよということを記者にささやいたのだと思います。それでロリコン趣味だと報道された。少女誘拐殺人事件だったので、犯人像に一致すると思われた。実は菅谷さんはロリコンビデオなんて一本も持っていなかったんですが、こういうことだって起こってしまう。

匿名というのは書くほうにとっても気が楽ですから、つい使ってしまうのですが、以上のように事実と違ったことを書いてしまうケースや取材相手に利用されるケースがある。だから、「プロメテウスの罠」を読んでくださっている方にはわかると思いますけれども、「プロメテウス」では匿名の相手からの取材はできるだけ避けるようにしています。

裏取り

新聞記事を書こうとするとき、僕たちがよく使う言葉に、裏取りがあります。権威ある機関とか人から「そのとおりだよ」という裏付けを取ることが裏取りです。

たとえば、震災後、自殺者が増えているというふうにいわれています。僕たちも調べていますが、どこで聞いても、増えているというんです。あの人も死んだ、あそこでも死んだという。遺書まで見せてもらったこともある。ところが、じゃあそれを震災で自殺者が増えていると書けるかというと、書けない。やっぱりそれは、しっかり裏を取る必要があって、いろんな機関、お役所や警察を回って資料やデータを取る、ないしはそのお役所の見解を書くというかたちでしか書けないということがあります。

そうやって裏を取る作業をやっているわけですけれども、裏を取れたらそれが事実かといったら、常に一致するわけではありません。

たとえば、一九九四年の松本サリン事件で、第一通報者の河野《こうの》さんという人が、全く無実なんですけれども、警察に捕まった。そのときも、恐らく、記者が警察へ行ったら「第一通報者が犯人。化学の知識もある。間違いないよ」と聞かされた、そんなところだと思います。何より警察が逮捕しているし、警察の現場は容疑に確信を持っている。これ以上ないくらい裏取りは磐石だと判断して思い切り記事を書いた。でも、裏取りの相手方の認識が間違っているケースがある。河野さんのケースでは情けないほど完全に間違っていた。

つまり、裏を取ってもそれが事実だとは限らないのです。ではどうすればいいか。できるだけ事実に近づくため、「プロメテウス」は自分たちで直接取材をし、自分たちで事実を判断しながら書くことにしています。色々な人に会い、その話を突きあわせて事実に近づいていこうとするやり方です。

事故調査委員会が調べたことを、「事故調査委員会の調べによるとこうでした」と書くのがリスク的には楽なんですけれども、「プロメテウス」は自分たちで一つひとつ調べていこうということにしています。労力はかかります。労力がかかるし、リスクもあります。事実を掘るのは楽ではないなと思います。

余談ですけれども、「プロメテウス」の第六シリーズ「官邸の五日間」でわかったのは、事実をつかむ難しさです。たとえば当時の記憶というのは、政権の中枢にいる人ほど消えています。中枢から離れるほど、記憶が鮮明です。寺田さんという補佐官がいました。彼は中心からちょっと外れているんですよね。だからだと思うんですが、彼の記憶はすごく鮮明で、担当した木村英昭記者は「事実関係を調べるには、首相だった菅（直人）さんの話よりも、寺田さんから聞いたほうがはるかによくわかった」と話していました。

政権の中枢にいた人はもうパニックだったと思うんです。だから、記憶がかなり曖昧になっています。あの冷静な枝野（幸男）さんですら曖昧です。海江田（万里）さん（当時、経産大臣）もそうです。ですから、たとえば菅さんに話を聞いて、当時はこうだったということでも、それが事実かどうか判然としないわけです。というわけで、周辺の人にも話を聞かなきゃいけないし、本当に事実を把握しようとしたら、すごく労力がかかります。とにかく反復運動みたいにひたすらあとを追って、人に会い続けて、というのがこのシリーズでした。

伝わるように書く

まじめに記事を書けば読者に伝わっているかというと、そうではありません。伝える作業というのがまた難しい。

三三〇マイクロシーベルトを測定した文科省の渡辺さんが一番驚いたのは、三月一七日に飯舘村《いいたてむら》の長泥《ながどろ》地区で毎時九五マイクロシーベルトを測定したときだそうです。長泥地区というのは三〇キロ圏外なんです。当時、三〇キロ圏外というのは、何の規制もありませんでした。つまり安全だとされていました。住民はそのまま村で暮らしていたんです。子どももいた。多くの地区民が地区に居残って、南相馬市から避難してきた人たちのためにおにぎりを握って助けたりしていた。安全だと思われていたその地区が、測ってみたら九五マイクロシーベルトあった。

渡辺さんは、それはもうびっくりして、それも報告するんですけれども、これが一般国民に伝わったかというと、ほとんど伝わっていなかったと思います。三〇キロ圏外で高線量地域があるというのは、新聞をめくれば恐らくどこかに載っているはずですけれども、真剣な警告として読者に伝わったかといったら、全くそうなってない。そういうことが今回たくさんあったような気がします。

新聞はやはり、伝わるように載せなかったら意味がない。「プロメテウス」というのは、とにかく伝わるように書こうということを最初からみんなで申しあわせました。わかるように、頭に入りやすいように書こうと。

そのためにまず、「プロメテウス」はいままでに載ったことでも書こうと決めました。一回載ったことであっても、伝わっていなかったら、載らなかったのとそう変わりがないのだから、それも書こう。浪江町の山間部の人たちが逃げていった話から「プロメテウス」はスタートするんですけれども、浪江町の話というのも、断片的には新聞に何回も載っている。何回も載ってはいるけれども、それをまとめて書くことで頭に入れてもらえるのではないか、ということを考えました。

それからもう一つは、読みやすく書くということです。物語で書こうと申しあわせました。毎日読みやすく、本当に物語のように読めるように書こう、と。読んで、あとでじわっと、あ、こうだったんだなってわかるように心がけています。

第一部「防護服の男」では、菅野《かんの》みずえさんという女性を主人公にして、その人の目から見た風景を物語風に書きました。嬉《うれ》しかったのは、第一部が始まったときの読者の人たちの反応です。予想以上に反響が大きかったんです。「自分が菅野さんの気持ちになって読んでいる」「何があったのか、すごくよくわかる」「読みやすい。次の日が楽しみ」などのお手紙をたくさんいただきました。連載を始めてから、読者からの手紙が五〇〇通以上来ましたが、どのお手紙を見ても、ちゃんと読んでくれているなということが伝わってきます。ありがたいことだと思っています。

ウミガメと台風

高知新聞時代、印象に残った話をしてみたいと思います。昭和の終わりごろ、室戸《むろと》という高知県で最東端の支局にいました。そこでは当時、ウミガメを食べていました。普通に鍋にして食べたりしていたんです。高知新聞の古いスクラップを見ると、終戦直後、食べ物がなくなったときに、ウミガメの肉を食べてみんなが生き抜いたというような記事も残っている、そんなところです。

室戸に朝日新聞の通信局があったんですが、あるとき、その通信局の人が全国版に記事を載せた。室戸の人間はウミガメの肉を食べる、隣の徳島では保護してるのに、という記事です。「えっ、ウミガメの肉を食べるのはよくないことだったのか!」ということで、室戸の人はショックを受けた。それまで普通にスーパーで肉を売っていたんですけれども、それからは表立っては食べられなくなったんですね。僕はウミガメを食べるのは一つの文化だと思っていたので、視点が違うとものの評価というのは大きく変わってくるんだな、と感じたおぼえがあります。

もう一つ例を挙げると、高知県は、台風が来るたびに多大な被害が出るんです。ですから台風は来て欲しくない。一方、高知県の山奥に早明浦《さめうら》ダムという大きなダムがあります。このダムの水が香川用水に流れ込んで香川県の各地に運ばれていって——香川県は水があまりないところなんです——、香川県が潤うようになっている。香川県の人たちは、高知県に雨が降らないと水不足で困る。

水不足のときは、大体岡山も大阪も、西日本の多くが水不足になっていることが多いんです。高知県にとって台風は厄介者だから、高知新聞では台風接近をものすごく緊張して報じます。ところが大阪発の全国紙の記事は「恵みの雨」と書いたりする。大阪の視点で見ると、待望の雨が降るというふうになるわけです。同じ出来事でも視点の違いによって、ものごとは全然違って見える。

実は、「プロメテウス」の取材でもそれをちょっと感じています。たとえば、放射能について、一方で年一〇〇ミリシーベルトまで安全なんだ、もっと高くても大丈夫だといっている学者さんがいて、他方には一ミリでも危険なんだという学者さんがいる。そしてそのはざまでみんなが迷っている。迷いながら住み続けている。

新聞でそれをどう書くかということは簡単ではありません。たとえば、ここは何マイクロあるというときに、その評価としてＩＣＲＰ（国際放射線防護委員会）の基準を使うこともありますし、それから、放射線管理区域の表現を使うこともあります。放射線管理区域の基準というのは、一時間当たりに換算すると〇・六マイクロです。毎時〇・六マイクロシーベルトあったら、日本の法律では放射線管理区域なんです。

客観的な評価の基準としてそれらを使うことはできます。「放射線管理区域と等しいくらい放射線量がある場所です」と。しかし、「だから危険なんです」と断ずるのは難しい。そこに人がたくさん住んでいるからです。住んでいる人の多くは、安全だと判断して住んでいる（もちろん、危険だと思いながら仕方なく住んでいる人も多いのですが）。安全だと断言する学者さんも多い。そのような人からすると、ほんの少しの放射線を怖がっている東京や西日本の人のほうがおかしく見えるかもしれない。福島に住み続けている人と西日本の人との感覚は徐々に離れていっているような気がします。

事故当初、「危ない、逃げろ」と書くのは必要だったと思います。しかし人々が戻ってきて、そこに住み始めたあとにどういえばいいのか。「寄り添う」とはどういうことか。個人的には結論は出ていません。

新聞王国・日本

新聞とはそもそもどういうものでしょうか。日本は実は新聞王国で、成人人口一〇〇〇人当たり四八七部発行されているという資料があります。韓国では三九七部、アメリカが二〇一部、イギリスが三三二部。発行部数でいくと、世界のベストテンの半数が日本の新聞なんです。

なぜ日本で新聞が浸透したか。僕の個人的な考えなんですけれども、まず一つは、識字率が高かった。明治以前から、日本では字が読める人が多かった。江戸時代からかわら版の歴史があります。それから、日本というのは基本的に言葉が一つなんですね。土佐から出た坂本龍馬《りょうま》が、江戸から薩摩《さつま》まで行き来しましたが、どこへ行っても言葉の不便があまりない。土佐弁というのはかなり特徴のある言葉ですけれども、どこへ行っても通じる。それから、言論が活発で、明治維新後には自由民権運動が起きて、そこでも新聞が大きな役割を果たしている。恐らくこのような歴史を背景に、日本の新聞はすごく強い存在になった。

それから、もう一つの理由として戸別配達があります。日本では新聞というのは毎日家に届くのが普通なんです。これも調べてみると歴史が古くて、朝日新聞が明治一二年に創刊されたときにもう戸別配達があった。家まで届けていた。

毎日家庭に届くから、「プロメテウス」はできたんです。「プロメテウス」を始めるときに、NHKの連続テレビ小説を念頭に置きました。あの番組は、一五分で見られて毎日続く、そして、明日もまた見たいと思わせる。あれが頭にあった。

新聞は毎日自宅に来るから、毎日少しずつ読んでもらおう。そのかわり、新聞が出る限り毎日続けよう。連載といっても日曜日には休んだりするんですけれども、「プロメテウス」は新聞が出る限り休まないようにしよう。掲載する場所も決めてもらって、一枚ページをめくればそこに毎日あるようなかたちにして続ける。これは戸別配達の日本だからできる試みだと思っています。

社会部の存在

社会部の存在は日本の新聞社の特徴の一つです。僕が調べた限りでは、外国の新聞社には日本の社会部にあたる部署やそれらしい組織はありません。

僕なりに解釈すると、政治部、経済部など他の部は、基本的に情報の蛇口で情報を取ろうとする。社会部はちょっと違うんです。社会部は、蛇口から情報が出て社会に広がったあと、それを拾ってくる。社会の末端で拾いあげた記事を書くのが社会部で、末端から拾いさえすれば、経済の記事であっても政治の記事であっても書ける。だから、社会部の記者は、様々な分野に進出して非常に元気のいい記事を書きます。

一つの事象を蛇口で拾いあげる政治部、経済部があるし、それが社会に広がったあとを取材して、一面の真理に迫ろうという社会部があります。日本の新聞というのはそういう構造になっているように思います。

いま、新聞の発行部数が減っているんですが、三〇年近く前、僕が新聞社に入った当時は右肩上がりの時代で、そのときは、社会部というのは新聞社の代名詞みたいな部署でした。新聞社に電話をかけてくる人のほとんどが「社会部につないで」と注文するくらい新聞記者イコール社会部記者みたいなところがあった。だから、社会部は大本営の発表を、あまり書きません。大本営発表を書くのではなしに、銃弾がピュンピュン飛んでる現場へ行って、その状況を書くのが社会部です。社会部が生き生きしていたころは、新聞自体が生き生きしていた時代かなというふうに思っています。

地方紙の場合は特に社会部が強い。なぜかというと、地方の場合は、経済も小さいし、政治も小さい。政治家も地元では知事か県会議員どまりですし、地元選出の国会議員といっても、政党や政府で高い地位にある国会議員は少ないですから。政治も経済も小さくて、そのかわり、地域社会という存在が大きいんです。地域社会では近隣の出来事を知りたいという感覚が強いし、あるいは地元の誰が亡くなったというのも知らなければなりません。だから、地方紙の社会部は大きいのです。

高知新聞のケースで見ると、政治部とか経済部は六人、七人しかいません。社会部だけが二五人いました。圧倒的に強いです。だから、特に地方紙の場合は、新聞社といえばもう社会部みたいな感覚があります。

「プロメテウス」は、その社会部的な土壌に立っている雰囲気があって、蛇口で情報を拾いません。社会に広がった情報を拾います。だから、第一部が典型ですけれども、浪江町役場に聞いて住民がどう避難したかというのを書くのではなしに、浪江町から逃げた人の話を拾い集めて書いています。そういう一般の人の目というのを意識しています。目線の低さといっているのですが、そういうやり方をしています。

新聞記者の目線

考えてみると、新聞記者が目線を低くして、社会のなかで情報を拾うというのは、これは当たり前のことです。新聞というのは、お金持ちも年金暮らしのお年寄りも、普通は一部しか取りません。経団連のえらい人も、家で取っている朝日新聞は多分一部です。しかもいまは、広告収入がどんどん減っていて、購読料収入を中心にして新聞社は生きている。いわば読者一人ひとりが新聞社を支えてくれているのですから、殊さら、お金持ちの人、権力のある人、権威のある人にウエートを置いた記事をつくる必要はありません。社会のなかで記事を拾い、住民の目線に立って新聞をつくるというのが、僕はむしろ正しいのではないか、少なくとも、そういう手法というのは必要ではないかと思っています。

僕は朝日に来て知ったのですが、朝日は「上から目線」と指弾されることがあるようですね。実際に紙面を見ていて、ああ、こういうのだなと思う記事も時々あるんですが、上から目線というのはできるだけ避けねばならない、あってはならないスタンスだと思います。そもそも新聞記者には上から目線になるような資格も権威もありません。新聞記者なんて、新聞記者を名乗ればみんな新聞記者みたいなところがあります。新聞社と名付けた小さな組織を運営したら立派な新聞記者だし、新聞社に所属してなくても、記者と名乗れば記者で通用するケースもあります。

高知新聞社会部長のときに、大学生のインターンシップを受け入れました。新聞社で社会体験するんだったら、新聞記者をやってもらうしかないと思って、彼らの名刺をつくったんです。「高知新聞社会部記者」の名刺をつくって、下に括弧して、「(インターンシップ研修生)」と書いた名刺を持たせて取材に行かせました。

インターンの研修生には催し物の取材とかに行ってもらうわけですが、彼らが行って名刺を出すと、ほとんどの人は、インターンシップ研修生かどうかなんて見ない。新聞記者が取材に来てくれたといって、一生懸命に説明してくれるんです。記者が研修生か二〇年目のベテランかなんて取材される側にとっては関係がない。懸命に説明してくれる。研修生の側も必死でメモして、必死で聞いて。普通の記者なら一五分くらいで終わるところを、二時間ぐらい話を聞く。そっちのほうがむしろ新聞記者らしい仕事かもしれないんですが、とにかく学生が名刺を持った瞬間に新聞記者になる。

印象に残っているのは、早稲田大学の女子学生がインターンシップに来たときのことです。学生が来ると、初日に半日間、カメラの扱い方、写真の写し方を勉強してもらって、その日の午後から一人で取材に行かせることにしていました。その女子学生には、午後に小さい書道展に行ってもらった。そうしたら、彼女はそこでこんな取材をして帰ってきました。その書道展に作品を出している一人の女性が、だんだん目が見えなくなる病気で、もうほとんど見えなくなっている。彼女は目が見えているうちに、自分の目が見えていた証《あかし》に、と書道の作品を書き続けている、という話です。女子学生は、彼女の思いがこもったその作品を軸にして書道展の記事を書きました。時間をかけ、原稿用紙と格闘し、手書きの長い原稿にして持ってきました。

読んで驚きました。いい話でした。これはもっといい記事になると思い、次の日にその女性に会いに行ってもらった。社会部の記者をカメラマンとしてつけたんですけれども、女子学生は熱心に話を聞いて、その女性も熱心に話をしてくれて、記事ができました。いい記事でした。社会面のトップを飾ってくれました。

インターン研修生でも、社会部のトップ記事が書ける。なぜかというと、研修生が書くわけではなく、相手が書かせてくれるわけですから。そういう人に会えば書けるわけです。それが新聞記者の仕事だと思います。

その女子学生は、卒業後テレビ局に入って、いま、張り切って仕事をしています。取材された女性も、その書道展は普段なら取材しないぐらいの小さい催しですから、研修生が来ていなかったら取材されていません。その女性は、恐らくそれまで新聞記者に出会ったことはないでしょう。研修生が来たからその女性が新聞記事になったし、その女性がいたから研修生もこの取材ができた。そうやって、二人の人生がちょっとだけ変わった。そういうことがあるのも新聞記者ならではです。

新聞の可能性

僕は、「プロメテウス」をやってみて、新聞にはまだ可能性があるかもしれないと思うようになりました。部数も減るし、朝日新聞はデジタルもやっているんですけれども、デジタルはお金にならないし、新聞はもうだめになるのではないか、少し前にはそんなふうに思っていました。いまから新聞社に入ってくる人は不安だろうな、と。

しかし、記者という専門集団を大量に持っているというのは新聞社の大きな強みです。「プロメテウス」をやっていて痛感したのですが、隠れた事実、隠された事実はものすごく多い。努力して掘らなければわからないことが多いんです。読者にとって必要な事実ならば、時間と労力をかけて掘りださなければなりません。いま、それができるのは新聞しかないのではないかと思っています。朝日新聞の記者は二四〇〇人です。その一割が隠された事実を掘る作業に就いたら、これは強い。しかもその組織は読者が新聞を買うことで支えてくれています。やりようによっては、新聞はまだ再生できると感じています。

隠された事実を掘って新聞社の収入が増えるかといったら、そうは思わないんですけれど、新聞が社会的に存在する意味というのは、その一点ではないかと思っています。

いま、新聞というのは、特に朝日のような、比較的クオリティーが高い新聞は、評論に力を入れているんですけれども、僕は個人的には、新聞が生き残る道というのは、評論ではなく、事実をつかんでいくことだと思っています。事実を掘って読者に呈示する、そういう組織を社会が必要とするのなら、新聞はいましばらく生き残ることができるのではないかと思っています。

【グループ討議】

依光　この後、八グループに分かれていただけますか。いまから配る記事について、各班で話をして、右側の記事がいいと思うか、左側の記事がいいと思うか、それを決めて欲しいんです。どちらも同じ事件について取材した記事です。

〔右側の記事〕

■男児18時間連れ回す
容疑の男逮捕

○○署は26日、○○市の小学3年の男子児童（8）を約18時間連れ回したとして、未成年者誘拐の疑いで、○○市○○、無職、○○容疑者（23）を現行犯逮捕した。男児にけがはなかった。同署によると、○○容疑者は「一緒にゲームセンターで遊びたかった」と供述している。

逮捕容疑は25日午前10時ごろ、○○付近のコンビニ前にいた男児に「ゲームをやりにいこう」などと話しかけて連れだし、26日午前4時ごろまで市内を連れ回した疑い。○○容疑者は容疑を認めている。

男児が25日朝に自転車で祖母の家を出たまま戻らなかったため、26日午前1時ごろ、母親が「子どもが帰ってこない」と同署に届けでた。捜索中の署員らが○○から約2キロ離れた○○近くの路上で別々の自転車に乗っていた2人を見つけた。

〔左側の記事〕

■小3連れ回し、容疑の男を逮捕

「一緒に遊びたかった」

○○署は26日、○○市内の小学3年生の男子児童（8）を連れ回したとして、○○市○○9丁目、○○容疑者（23）を未成年者誘拐容疑で現行犯逮捕したと発表した。同署によると、○○容疑者は軽度の知的障害を示す療育手帳を持っており、「ただ一緒に遊びたかったただけ」と話しているという。

同署によると、25日午前10時ごろ○○付近のコンビニ前にいた男児に「ゲームをやりにいこう」などと誘い、約18時間連れ回した疑い。26日午前4時ごろ、約2キロ離れた同市○○で2人がそれぞれ自転車に乗っているところを警察官が発見した。男児にけがなどはなかった。
同署によると、男児は携帯電話を持っており、25日午後10時ごろまでは母親と連絡がとれていたという。その後連絡がとれなくなり、26日午前1時ごろ、母親が同署に捜索願を提出していた。

依光　はい、すみません、時間です。報告してもらいます。
一班　いま、我々もなかなか議論し尽くしてないんですけれども、左の記事のほうが、実態といいますか、この事件の風景が正しく伝わる、そういう結論に達しました。左の記事では、連れ去られた男児自体もそんなにいやがっていない。逃げようと思ったらいくらでも逃げる機会もあるし、あと、お母さんとも話している。そういう風景が、自然に入ってくる。右の記事だと、何かすごく凶悪な事件という印象を受けるのですが、それなら、なぜ男の子は自転車に乗っていたのに逃げなかったのかというような疑問が出てきます。
二班　うちの班も、左のほうが読みやすい、書き手の意図というものが見やすいのではないかというような結論に達しました。確かに、両方の記事とも確実にわかっている事実を書いてはいるのですけれども、男の子が誘拐されてからしばらくの時間は母親と連絡をとりあっていたということなので、やはり、普通の、いわゆる凶悪な事件と違って、ある意味、加害者・被害者という一方通行な関係性ではないと思うんですね。書き手が読み手側に発信して、ある意味、議論を巻き起こすような仕掛けをしているのではないかなと思って、とても何か引きつけられるような記事でした。

右の記事は、ああ、犯人が捕まってよかったね、被害者が無事でよかったね、ハイ終わりという感じでしたので、私たちは左を選びました。

三班　うちの班は、半々に分かれました。事実を客観的に伝える新聞としては右側だと思うけれども、多分、もし自分がお金を出して買って読むんだったらば左側だとおっしゃった方がいて、これに非常に端的にあらわされているのではないかなと思います。

新聞を読む前に、自分ならどう読むかと考えました。まず事件を見て、そのあとに、被害者がどういう状況にあるのか、個人的に関心があります。その意味では、今回の事件ではけがなかったということがけっこう大きなポイントだと思いますので、右の記事は、それが比較的早い段階で出ていて、左の記事はまん中にあるなということを感じました。

四班　我々の班は、今日の依光さんの話の仕方でいきますと、右のほうは警察の蛇口の情報で、左のほうは社会部の優秀な記者が書かれたような記事のように思いました（笑）。警察がいったことだけを記事にする、もちろんその優秀さというか、それはそれであるんですけれども、やはり、こういう事件の実態に迫って書くには、左のような書き方が必要なのではないかなというふうに感じました。

五班　私たちの班も二つに割れてしまいまして、割れた理由は、前の班の方々がおっしゃっているようなこととほとんど同じです。

右に関しては、本当に事実だけというか、そういう雰囲気があって、左の記事はもう少し、想像力というと大げさかもしれないですけれども、知的障害を示す療育手帳を持っていたということが何をあらわしているのかとか、そういうことを考えさせられる記事になっているのではないかと思いました。

どちらが読みたいのかといわれると、私個人としては左の記事を読みたいなと思いましたけれども、班としては、右の記事のような、きちんとした事実だけを、感情の入らないものだけを読みたいという意見もありました。

六班　うちの班は、左の記事のほうがいいのではないかということでした。

右の記事は、なぜこういう誘拐が起きたかということが全くわからない状態で、いまの時点ではこれでいいと思うんですけれども、左のほうが、知的障害との因果関係はわからないけど事実として載せているということで、よりはっきりした記事になっていると思います。

七班　私たちのなかでも、明確な結論は出なかったんですけれども、右は淡々と事実を述べていて、左の記事は、やはり知的障害というキーワードが、容疑者のイメージをここで強調しすぎている部分もあるのではないか。私たちのディスカッションのなかでも、右は新聞の記事、左はむしろ週刊誌とか、さらにもっと掘り下げた媒体のような記事ではないだろうかという意見もありました。

あわせて、どちら側も実名は出ているんですけれども、左のほうの記事に関しては、何々町何丁目とどこに住んでいるかまで限定できて、その犯人が誰であるかということを後ろ指で指せるような状況にまで追い込んでいるとも思いました。

最後に、一つ、私がとても個人的にこだわっているところなんですけれども、男児が携帯電話で母親とずっと連絡をとりあっている。八歳の男の子が夜一〇時まで、知らない男性に連れ回されているときに母親と連絡をとりあっていて、そこで母親は何もアクションを起こさなかったのかということで、母親にまたその後、ご近所の方から後ろ指を指されるのではないかということが心配になりました。

八班　うちの班も意見が分かれまして、最初は、右側のほうがいいのではないかという意見もあったんですけれども、最終的には、左側のほうが、事件の背景が述べられているのではないかというふうに、左側を選びました。

右側には、携帯電話で母親と連絡をとっていたという事実が述べられてないということと、やはり、小学校三年生の男の子が、それぞれの別々の自転車に乗って、一八時間も犯人と一緒に過ごすということは、男の子の何らかの意思が働いているんではないだろうかと思われるので、悪意があった凶悪な誘拐とは一線を画しているのかなということが、左側の記事のほうがわかりやすく述べられていると思いました。

依光　みなさん、ありがとうございます。何というか、勉強になりました（笑）。左側の記事が朝日新聞です。実は、この記事のデスクをやったのは僕で、ずいぶん悩んだんです。どういうところを悩んだかというと、これは調べれば調べるほど、凶悪事件ではない。ポイントは、児童がお母さんと連絡をとっていたことと、男に知的障害があったこと。

最後に悩んだのは、実名を出すかどうか。出したくなかったんですけれども、悩んだ末に、朝日新聞の事件報道マニュアルから外れることになるけれども実名はやめようかということも論議しながら、結局は載せてしまった。何丁目まで載せるというのも一応のルールなんです。

この事件、なぜ実名を載せたかというと、結局、知的障害があるから実名を載せなかったと解釈されてしまうわけで、そうなると、逆に知的障害者の差別につながるおそれもあるのではないかとか、多くのことを考えました。だから、最終的には、とにかく、軽度の知的障害を示す療育手帳を持っているという客観的な情報だけを載せて、あとはもう読者に判断してもらうという判断に落ち着きました。

お母さんと連絡をとっていた、これではお母さんが悪くなってしまう、それも感じました。でも、これを書かなかったら、やっぱり嘘だなと思って、悩んだ末に載せました。

いま考えると警察記事ではない記事の書き方にしてしまうやり方もあったと思うし、いっそ記事自体を没にする選択もあったと思います。しかし締め切り時間が迫っていたこともあって、このときはそこまでの判断はできませんでした。そういう意味では反省点の残る記事だと思っています。

警察の発表をなぞって書けばリスクはない。ただ、記事を書こうとするときに、警察発表が事実とかなり違っているのではないかということが時々あって、そのときはこういうふうに色々と考えながら新聞をつくっています。

前にもいいましたけれども、新聞というのは基本的に事実を書かないと信用されない。事実を書くというのは難しいことだけれども、あらゆる努力をして、少なくとも事実に近づく努力は要るのではないかなと思っています。

だから、同じ材料から書かれた記事について、こうやって論議しても、意見は分かれた。事実というのは、つかむためにも苦労するし、伝えるためにも苦労する。新聞記者はそういうことを、日々、鉄砲玉が飛んでくるようななかでやっていることをわかって欲しくて、お話しさせていただきました。どうもありがとうございました。

第三回　政治学の再構築に向けて

杉田　敦

〔すぎた・あつし〕

政治学者。法政大学教授。一九五九年、群馬県生まれ、東京育ち。東京大学法学部卒。専攻は政治理論。著書に『政治的思考』『政治への想像力』『境界線の政治学』『権力』『権力の系譜学』『デモクラシーの論じ方』、共著に『連続討論「国家」は、いま』『原発をどうするか、みんなで決める』『これが憲法だ!』『社会の喪失』、編著に『丸山眞男セレクション』など。

(講義日　二〇一二年四月三日)

【講演】

丸山眞男《まさお》の三つの顔——統合・多元性・系譜学

みなさん、こんばんは。みなさんは、政治学というとどういうイメージをお持ちでしょうか。何となく胡散臭い割に偉そうにしている、というイメージをお持ちかもしれませんが、実は私自身もそう思っています（笑）。政治学とは何なのか、科学としての政治学が可能か、床屋政談とどう違うのかといった議論もありますが、私自身は、政治学の定義などは二義的な問題で、何らかの意味のあるメッセージが発せられるかどうかが重要だと思っております。

今日は、何人かの先輩の政治学者たちを取りあげ、時代状況とも関係させながら、彼らの仕事にどういう意味があったのか、何を示したのかということをお話ししたいと思います。政治学が日本政治を動かしているとはもとより思いませんが、他方で、日本の政治学は現実政治と遊離して何の影響力もないとよく語られているのは実は浅い理解で、意外に、概念や整理を通じて、人々の物の考え方を規定している面があると思っています。

まず、戦後政治学が、なぜ一定のプレゼンスをこの社会のなかで得たかというと、やはりこれは丸山眞男さんがいたからだということは明らかです。丸山さんの遺産を我々政治学者は食いつぶしてきた。いくらなんでももう食い尽くしているはずなんですが、意外にそうでもないという話をまずしなければいけません。

よく丸山さんについていわれることのなかで、「本店」と「夜店」という話があります。彼は日本政治思想史の研究者ということで、専門の論文を書き、東大教授をやっていたわけです。他方で、「世界」とか「展望」など色々な雑誌を舞台に、政治にかかわる評論などもずっと発表していました。これについて丸山さんがある座談会で、本店が思想史研究で、夜店としての政治評論という表現をした。けれどもこの区分にはあまり意味がなくて、むしろ軽いかたちで書かれているもののなかに丸山さんの政治観が非常によくあらわれていることもあります。ですから、思想史研究が偉くて、評論は価値が低いとか、そういうことはない。では、丸山さんはいったい何をしたのか、私は少なくとも三つの側面があると考えます。この三つで、彼はかなり違う顔を見せているんです。

第一には、日本には「権力の統合」が欠如しているということをいった。つまり、日本社会は、どこに権力があるか、誰が権力を握っているかわからない、そういう構造になりやすい。その結果として無責任な政治体制になってしまう。誰が決めているかわからないということは、あとで誰に責任があるか追及しにくい。どこに権力があるかわからなければ、どうやったらものごとを変えられるかわかりにくい。そういう意味で政治が停滞するということを繰り返しいった。二〇世紀初頭に活躍していたドイツの政治学者ないし憲法学者のカール・シュミットのいうように、権力を集中させることが日本では必要だと、こういう考え方が丸山さんにはあるわけです。

ところが、丸山さんの第二の側面として、権力の多元性が大事だという考え方も持っている。権力は集中すると危ないので、多元的に分散していることに意義があるという考え方です。これは政治思想史のなかでいうと、一九世紀フランスの人で『アメリカのデモクラシー』という本を書いたりしたアレクシ・ド・トクヴィルという人がいます。このトクヴィルに代表される多元主義、つまり、権力が分散して、多元的であることに丸山さんは意義を見出す。そして、日本にもそういう多元的な権力のあり方の芽はあったし、それは意味があるという議論も一方でしている。

丸山さんの第三の側面ですが、これは彼の福沢論のなかにとりわけよくあらわれてくると私は思っています。彼は福沢諭吉を非常に高く評価しています。福沢は矛盾しているように見えることも色々いっていますが、丸山さんによると、状況が色々変化するなかで、それに対応してきちんとやっていく、こういう政治の本質を福沢はとらえていた。

どんな状況においても政治的可能性というのは複数存在している。一つしか方向性がないわけではない。日本ではしばしば現実主義という名のもとに、ある既存のシステム、すでにあるやり方、これしかできないんだとする考え方が現実主義といわれてしまうけれども、現実というのは一つじゃない。現実というのは常に複数ある、複数の可能性のなかで自分たちが選択することができるといっている。

これをニーチェ的系譜学というと、色々ご批判もあるかもしれませんが、歴史の方向性というのは一つに決まっているものではなくて、様々な可能性をはらんでいるという、そういう歴史観はある種ニーチェ主義的ともいえるかと思います。そういう側面さえ丸山さんにはある。権力を統合するという話とはかなり違うことが色々とあるわけです。

丸山さん自身が、政治をとらえるうえで多分この三つのなかの一つには絞り切れなかった。そういう多面的なかたちでしか自分の政治学を展開できない。逆にいえば、権力は統合すればいいとか、あるいは逆に常に何でも分散していればいいとか、そういうことにならないのが政治というものである、恐らく丸山さんはそういっているんじゃないかと私は思います。

ただ、丸山さんは、ある時期から、特に晩年は現実政治についての発言をしなくなっていく。それについて自分自身で説明もしていますし、客観的に見ても、かなりそういえるのは、彼が最初に敵として設定した「天皇制」と「スターリン主義」という敵の消滅ということが大きかったでしょう。

戦後政治学というのは、戦前の政治学と断絶したかたちで出発したことに一応なっています。いま、私どもの属している日本政治学会というのは、戦後につくられた学会で、戦前はなかった。戦前への反省から、戦争の体制、その背景の天皇を中心としたシステム、これを批判していこうというのが共通理解としてあったわけです。

天皇制というのは、何も天皇の存在そのものだけにかかわるわけではない。天皇と同じようなかたちで何かを持ちあげて、批判できない対象をつくって、常にそれとの関係でものごとを考える。こういうものが天皇制的な思考法です。それと同時に、政治的な左右という意味ではむしろ対立するスターリン主義的なもの、つまり、共産主義運動のなかで、特にソ連の影響下において党へ権力を集中させる、スターリン主義的なものに対する批判。戦前の天皇制と、戦後出てきた共産主義運動のなかのスターリン主義的な側面の両方を批判していくのが、これは丸山さんに限らず、基本的に戦後政治学のスタンスだったわけです。

ところが、だんだんとそれでは済まなくなってきた。たとえばあとでお話しする松下圭一さんは、大衆天皇制論というのを一九五〇年代から展開する。もはや天皇といっても、テレビタレントと同じような存在になっていった。いまの女性週刊誌での雅子さんの扱われ方は、タレントとそんなに変わらないですが、その原型は美智子さんのときにある。皇室は隔絶した存在ではなくなっているし、政治にとって最も中心の問題ではなくなったと松下さんは唱えた。高度経済成長のなかで共産主義に対する人々の期待感も弱まっていったことで、これも主要敵ではなくなった。

では、日本の政治社会に問題があるとすれば何なのか。それは天皇とそれを支えている人たちが悪いとか、あるいは共産党が悪いということよりも、私たち、一般の人々のなかに問題があるということがだんだんと明らかになってくる。そうすると、ものごとは簡単ではなくなってくる。あの人たちが悪いという話は非常に簡単なわかりやすい話ですけれども、自分たちのなかに問題があるというのは、人々があまり聞きたい話ではないし、話が難しくなっていく。

問題はどこにあるのか

私自身は、丸山さんに代表されるような戦後政治学的な、つまり、ある種の共産主義への批判と天皇制批判を中心とする議論は、基本的にはかなりの程度終わっていると思っています。ただ、これはある種の留保つきで、まさに二〇一一年の三月一一日以降の事態を見れば、戦前との連続性を論じることもできる。私自身も、二〇一二年の三月一一日に朝日新聞書評欄の「ニュースの本棚」というところで、震災後の一年間に出た本の紹介というかたちで幾つかの論点を展開してみました。そういうなかで考えていくと、実は丸山さんとか、あるいは久野収《くのおさむ》さん、久野さんはご自分では政治学者というよりも哲学者だと認識していたと思いますけれども、こういう戦後の知識人たちがやっていた議論が、ある意味で不気味なほど現状について説明力を持ってしまっている。

例を挙げると、「顕教」「密教」という言葉があります。これは久野さんがかつて天皇機関説問題に関して使った対比です。宗教学的に正確な理解かどうかは別としまして、要するに、ここでいう顕教とは、一般の人々に流布しているストーリー。それから、密教とは、一部のエリートたちが勉強して、エリートだけで共有しているストーリー。二つを分けて考えるということが宗教でもあります。

天皇は国会などと同じように国家の一つの機関だという天皇機関説は、ドイツ国法学という、一九世紀のドイツに発祥し日本に伝えられた法律学の考え方からいくと普通なわけです。機関というのは別に機械ということではなくて、国会も機関、内閣も機関、天皇も国の制度上位置づけられているのですから機関だということを普通に法学部では説いていたわけで、それを公務員とか法律家はみんな知っていたのです。

しかし、一般の人々に対しては天皇は機関どころじゃない、神だといっていた。こうして使い分けていたけれども、そのうちに一部の人々が、美濃部《みのべ》(達吉)とかいう憲法学者はけしからん、神である天皇陛下を機関と呼んでいるのは何事だといって騒いだ。結局、内閣も対抗できなくなって、そして、ここから色々なかたちで日本の政治体制の閉塞化が進行していったということは、みなさんご承知のとおりです。

私は、原子力安全神話というのも、これから色々な検証が必要ですが、最初はやはり、そういわないと原発を認めてくれないから、顕教として一般の人々には絶対に安全ですよといっていた。しかし、専門家は密教として、「実はリスクはある」ということで対策をすると、そういう使い分けをしていたと思うんです。けれども、そうやって神話を振りまいた結果、たとえば何か安全対策をしようとすると、「安全だといったのに何だ」と言われるので対策ができなくなってしまった。いったんある種の神話を浸透させると、それに復讐《ふくしゅう》されるということがあるわけなんです。

もう一つ、人文・社会科学でよく使っていた日本社会についての説明として、言霊《ことだま》信仰というものがあります。言霊信仰というのは、これも厳密に宗教的な意味ではなく俗流化した意味で使っています。よいことをいうとよいことが起こる、不吉なことをいうと不吉なことが起こる、言葉の作用としてものごとが起こるという、これが言霊信仰ということです。これは何も日本だけでなくて、他の地域にもあると思いますけれども、特に日本では割と強いと私は思います。

原子力みたいな非常にリスクの大きい問題、人々の恐怖につながるような問題に関しては、どうしてもこういうものが横行してくる。「危ない」と言うと、それ自体がいわば事故を引き起こすかのような不吉な感じがするので、いわない。それから、事故後の放射線被害等をめぐる対応に関しても、危険性を指摘すること自体が露骨にいやがられるという、そういう傾向が色々なかたちで存在した。

今回日本が経験したのは非常に大きな危機ですから、色々な心理的な負荷がかかっています。そこで先ほどの天皇機関説問題との関係が私はちょっと気になるわけなんです。つまり、戦前の軍部が暴走していったのと同じような意味で、戦後は、これは「原子力村」だけの問題ではなくて、経済成長や開発につながるようなものについて、ある種の暴走が起こったんじゃないかと思ったわけです。ですから、そういう意味でいうと、我々は完全に戦前的な問題と切れていない。むしろ昔の分析のなかに使えるものがやっぱりあるということを改めて感じたわけです。

そういう観点からもう一度丸山政治学に戻ると、丸山さんの「現代における人間と政治」という六一年の非常に重要なエッセイがあります。このなかで丸山さんが挙げている例が、ニーメラーという有名なドイツの神学者の話です。これはよく引用されるんですけれども、ナチスが出てきたときの対応の話です。

「ナチが共産主義者を襲つたとき、自分はやや不安になつた。けれども結局自分は共産主義者でなかつたので何もしなかつた。それからナチは社会主義者を攻撃した。自分の不安はやや増大した。けれども依然として自分は社会主義者ではなかつた。そこでやはり何もしなかつた。それから学校が、新聞が、ユダヤ人が、というふうに次々と攻撃の手が加わり、そのたびに自分の不安は増したが、なおも何事も行わなかつた。さてそれからナチは教会を攻撃した。そうして自分はまさに教会の人間であつた。そこで自分は何事かをした。しかしそのときにはすでに手遅れであつた」（丸山、前掲論文）

このニーメラーの話は戦後繰り返し色々なところで引用されてきたんですけれども、大抵は、だから、最初に共産主義者が弾圧されたときに私たちはナチスをつぶさなければいけなかったという話と受けとめられた。そうしないと、やがて自分たちも弾圧されてしまう。だから、極めてマージナルな人々への弾圧にもただちに反応しろというのが、多くの戦後民主主義的な議論においてはこのニーメラーの教訓として受け取られています。

ところが、丸山さんがここでいっているのはそういうことではない。つまり、よく読むと、「ニーメラーさえ、直接自分の畑に火がつくまでは」わからなかったというのは、人間はみんなそうだ、自分と関係なさそうな人が弾圧されたときに大変だと思うのは、普通の人間にはできないということをいっている。そして、丸山さんもそれは認めたうえで、内側を通じて内側を超えるといういい方をしていますけれども、私たち自身が周辺部の人々と共感しなければいけないという前提に立つんじゃなくて、自分たちは「内側の人間」、つまり、大衆の考え方に寄り添ったうえで、そこから変えていかなければいけないということをいっているわけです。

これは、たとえばこのあいだ亡くなった吉本隆明さんとか、どちらかというと丸山さんを批判していた人たちがよく使っていた論理ですが、その原型が実は丸山さんのなかにもあった。丸山さんは外在的な批判、つまり、ものすごく高いところから日本社会を批判して、一般の人々を上から啓蒙《けいもう》していたようにいう人がいますが、必ずしもそうではなくて、先ほどいった、国民自身の内側に問題が実はあるんだと相当前から気がついていた。

この観点からしますと、たとえば最近の「橋下現象」についても色々なとらえ方があるんですが、橋下（徹）さんは、いまの一般の人々が持っている色々な願いとか苛立ちとかを表出させるかたちで出てきている。ですから橋下さん個人を批判してもあまり意味がなく、なぜ彼が支持を集めているのかということがむしろ重要なわけです。

その場合に、実はそこには色々な矛盾したメッセージがあるわけです。たとえば彼は一方で、市場経済を重視する側面がありますが、同時に、教育現場で日の丸・君が代を重視するとか、ナショナリスティックな側面もある。普通に考えれば、日本にとって一番重要な経済的なパートナーである中国とか朝鮮半島などと、ナショナリズムをめぐる争いが激化すれば、経済にとっては大いに都合が悪い。だから、ナショナリズムと市場主義というのは相性が悪いはずなんです。しかし、そういうものが両方出てくる。あるいは、橋下さんは脱原発論を一応いっていますが、市場主義と脱原発、これも簡単には整合しないんですけれども、これは単に彼が矛盾しているということではないでしょう。むしろ、私たち有権者自身が矛盾しているのであり、橋下さんは、とにかく人気のある政策を採用しようとするので、結果的に矛盾するということでしょう。ですから、多分、橋下さんを批判していくと、私たち自身が批判されることになるということを踏まえて、ものごとは考えなければいけないと思います。

敵は外部にいるのでなく内在しているという、この問題に関しては、たとえばスラヴォイ・ジジェクという哲学者が「イデオロギー的幻想」ということをいいました。これはどういうことかというと、経済危機などがあるたびに、ユダヤ陰謀論が出てくるわけです。いまでもよくそういうことをいっている人がいて、三・一一もユダヤ人が起こしたとか書いているインターネットサイトなどもあるんですけれども、こういうユダヤ陰謀論はなぜ出てくるのか。ジジェクによると、ユダヤ人のせいではないことを論理的に実証したとしても、人々は必ずしも納得しない。なぜならば、人々は苛立っている。そして、苛立ちの原因を誰かにかぶせたいわけです。

そのときに、ユダヤ人というのは、多数派であるキリスト教徒にとって外側にいる人々なので、ユダヤ人のせいにすれば楽なんです。もしかして自分たちのなかに原因があるとすれば、それは困る。ですから、外部の彼らに原因があるというふうにしたいという、こういう欲望が人々のなかにある限り、ユダヤ人問題というのは論破しても必ずしもなくならない。知識人というのは、説得して論破すれば人々は納得すると考えるんですけれども、そう簡単なものではないということです。

たとえば、公務員が悪いという話もいまよくいわれますが、国際的に見て公務員は多くないとか、財政支出のなかでは公務員の給料よりも、福祉関係の支出がこんなにある、つまり、自分たちがお金を使っているんですよという話をしても、人々は必ずしも納得しない。やっぱり誰かが悪いということにしたい。そういうユダヤ人問題と同じような構造になっています。そういう意味で、丸山さんの直面していた課題は現在にもつながっているのです。

政治主導論と地方分権論の旗手・松下圭一

さて、丸山さんのあと、政治学はどうなったか。

松下圭一さんという人がいます。元法政大学教授、つまり私の大先輩で、色々お話を伺ったこともあります。政治学の現実政治へのインパクトという点でいうと、彼の影響は非常に大きい。たとえば菅直人元首相の就任演説のなかでも松下さんの名前が出ていたように、今回の民主党政権成立およびその背景にある色々な考え方のなかで、松下さんに由来するものはかなりあります。

官僚支配から政治主導へ、みたいな基本的な流れは松下さんの影響だし、地方分権についても、五〇年代ぐらいからものすごく強力にいったのはやっぱり松下さんです。政治主導と地方分権、この二つの方向性を、もちろん他の人もいっているんですけれども、最も粘り強くいい続けたのは松下さんでありまして、それが実は九〇年代ぐらいから日本社会に浸透して今日に至っているわけです。

先取り的にいってしまえば、今日では政治改革を唱えていた人たちと橋下さんは対立しているように見える。たとえば山口二郎さんと橋下さんがいい争ったりしたけれども、実は山口さんも政治改革論を唱えたときにいっていたことは、政治主導ですし、政権をとったら、次の選挙までは政権党が中心になって、特に国政でいえば首相、自治体でいえば首長が考えたことをやっていい。その結果は次の選挙で審判すればいいんだということをおっしゃっていたわけで、その限りでは橋下さんがいま主張していることと無縁ではない。

もちろん、教員への締め付けやナショナリズムの強調とか、そういう点は山口さんとは全然違うけれども、しかし、主要な政策的な方向性、つまり、政治主導と分権という基本的な大きな方向性については、ある程度連続している。にもかかわらず、いま対立しているというのは、色々なねじれが起こっているということなんです。

松下さんの話に戻すと、彼はかなりマルクス主義に近いところから出発しますが、早い時期に、それまでの資本家対労働者という階級政治論でやっていてはだめなんだということで、市民という概念を前面に出してきます。その彼の基本的な考え方は、自由主義、多元主義だと思います。これは先ほどの丸山さんの例でいうと、二番目の部分に近い考え方を非常に強調しています。

それから、労農派的な歴史観があります。労農派というのは講座派に対するもので、講座派対労農派の対立は、日本のマルクス主義のなかにあったかなり重要な対立軸で、これは日本の近代思想を考えるうえでどうしても出てきてしまう図式です。これも簡単にいうと、講座派というのは、岩波書店で「日本資本主義発達史講座」というものをつくった人たちなので、講座派といわれたんです。彼らは、日本社会は封建的な社会で、まだ近代に十分になっていないので、まず近代化をしてまともな資本主義社会にして、そのうえで将来的に社会主義にするんだという二段階革命論を唱えた。

それに対して、労農派といわれた人たちは、日本は、戦前の段階においてすでにヨーロッパなどとほぼ同じような資本主義国になっている。だから、ヨーロッパと共通の問題があって、これから日本もヨーロッパとともに社会主義化するんだという考え方。社会主義化するというところは両方とも同じなんですけれども、一段階革命論を唱えたのが労農派です。そうすると、日本社会に対するとらえ方が講座派とは非常に違ってくるわけです。

先ほどいった丸山さんたち、戦後の初期の人々は、やっぱり講座派的な考え方が強かった。日本社会は遅れた社会で、ヨーロッパと違う。それは天皇制や封建制が大きな基準になる。それに対して、松下さんは、そういう問題はあまり関係ないと思っているわけです。それでは、日本社会の課題は何なのか。松下さんの場合には、特に明治以降、上からの近代化を官僚がやってきたため、官僚制が強くなりすぎてしまったのが問題だとします。だから、官僚支配から、民主的に選出された政治家による支配に変えなければいけないと、これをずっといっていた。民主主義を徹底するためには、選挙によって政策を変えられるようにしなければいけない。それには政治主導にしなければいけないんだというわけです。松下さんはこの政治主導論をジョン・ロックというイギリスの政治思想家から学んだといいます。ロックは、議会中心主義で、すべての権力の中心は内閣とか官僚制ではなくて、人々の代表である議会にある。なぜなら、人々の意見を体現しているからと、これがロックの議論です。松下さんはそこに起源があるといっているんですが、レーニンの、「すべての権力をソビエトへ」という「四月テーゼ」とも、どこか通ずるところが見てとれる。つまり、根本において、権力統合論的な志向がある、それがこの政治主導論です。

ところが、その一方で、もう一つの主要な松下さんの論点として地方分権論があります。これは民主党政権以後の現在の問題について考えるうえでも非常に重要です。彼は、いまいいましたように、国家官僚制に対して議会の役割を強調する。そして、政治家主導でいくといっているんですけれども、他方で、地方分権論においては、地方議会に期待していないというのが非常に大きなポイントですね。地方自治体においては、議会ではなく役所に、自治体の職員に非常に期待している。ここに一種のねじれが存在する。これはいったい何なのかということについては説明がないわけですが、地方議会というのは利権に絡む土建関係者が多くて質が低いという、そういう実質的な判断に基づいている。ただ、そうもいえないので、黙っていたのではないかと私は思います。

つまり、日本政治の一番の問題点は国家官僚制の力が強すぎることと整理したうえで、それを国レベルでは議会を使って叩《たた》き、同時に、地方自治体をもり立てることで、地方から叩く。こういう二つの方向で国家官僚制を叩くという二正面作戦、これが松下さんの考え方です。これが、民主党が政治主導あるいは地方分権ということをいったときの基本的な発想になっています。

ただ、確かに日本で明治以降、官僚支配が行きすぎているという考え方は成り立つとしても、官僚制がそれ自体として悪くて、政治家の意見をそのまま通すことが絶対正しいとか、あるいは、国家と地方の関係では、国家は小さくして、地方に分権すればするほどいいという考え方には、それほど根拠はないと私は思っています。つまり、論理的に、官僚よりも議会が正しいとか、国家より自治体が正しいということはない。あまりにも日本社会において中央集権制が行きすぎたとすれば、それに対する一時的な対応としては必要な政策かもしれないですが、それを絶対化して硬直的にとらえ、何でも分権すればいいとか、官僚制を叩けばいいという議論になると非常に問題です。ともすればそういう受け止め方をされた。それが結局、民主党政権の混乱にもつながっていったと思います。

官僚制が悪いという話をしていきますと、それに代わるものとして、企業とか市場のセクターに任せればいいという話になりがちです。結果的に、民営化論に回収されていくという、そういうことが九〇年代以降起こった。

もちろん松下さんたちはそんなつもりではなかった。松下さんたちは市民社会論ですから、国家とは違う、ＮＧＯとかＮＰＯとか、そういう市民的な部分が国家に代わって出てくることに期待していた。しかし、実際にそういうものが出てきた面もありますけれども、現在のグローバル化した経済のなかで、企業型のガバナンス・モデルが世界的に流通していますから、官僚制を叩くと、普通は民営化になる。意図せざる結果としてそうなってしまうわけです。そういう難しさがあるにもかかわらず、官僚制批判を強調しすぎたきらいがあるのではないかと思います。

佐々木 毅《たけし》とマニフェスト政治

佐々木毅さんは、政治思想史の研究者として第一級であるだけでなく、みなさんご存じのとおり、政治的影響力を非常に強く持ってきました。私の先生でもあり、非常にお世話になっているのですが、何しろ不肖の弟子なもので（笑）、九〇年代の「政治改革」以来の佐々木さんの方針については私は必ずしも理解できていません。

佐々木さんは、思想史研究で、プラトン、マキャベリ、ボダン、こういう思想家を扱っています。この顔ぶれでまず感じるのは、政治家がどうあるべきかを論じ、政治家に助言することを政治学の根幹と見ているということですね。もちろん公平にいえば、昔の政治学というのはみなそうなんですけれども、特にプラトンとマキャベリというのは政治家に何かを期待するタイプの政治学で、政治家の役割を政治において非常に重視する、そういう考え方で、一般の人々に期待するタイプの議論ではないということがいえます。

このことは、佐々木さんの政治評論を読んだ印象ともつながる。彼は一般の人々がどうすべきかという議論は、もちろんしていますがあまり熱心ではない。政治家や政党をどうするかということに関心があるわけです。このことが一番端的にあらわれているのは、この前の政権交代の前後にマニフェストの重要性が非常に強調されましたが、これを実はここまで日本社会に浸透させたのは、佐々木さんとその周りの人々の力だったわけです。

ところが、なぜマニフェストを導入するかというと、普通は有権者と政治家との関係を透明にするためだと考えますね。従来は何が公約かよくわからなかった。選挙のときは適当にいっていて、選挙が終わると違うことをやっている。政治家に裏切られてしまう。だから、マニフェストをちゃんと示してもらって、政権をとったらこれをやりますということで公約を守ってもらう。そのためにマニフェストをつくるんだと、こういう説明が実際されていましたし、メディアとかもそういっていた。

ところが、佐々木さんの議論をよく見ると、ちょっと違う。マニフェストは、政治家を縛るためにもあるのだというのです。政治家を縛るというのは、有権者との関係において縛るのではなく、他の政治家との関係において縛るということです。

それはどういうことか。それまで日本の政治では、たとえば党中央は消費税賛成といっているけれども、私は反対ですとかいって平気で選挙をやっていて、そして、当選してからも、一部の政治家は党の政策と全然違うことをいうということが平気で行われてきた。それをできないようにするのがこのマニフェストだと佐々木さんはとらえている。マニフェストにはっきり書いてしまえば、選挙の際にも選挙後にも、一部の人がそれと違うことをいったりすることは難しくなる。つまり、政治家の個人プレーとか、派閥の勝手な行動をさせないようにマニフェストを導入しようとしたんです。

佐々木さんは、政治というのは自民対民主みたいな政党間の対立というかたちにわかりやすくしなければいけない。はっきりした政策を持ったA党とはっきりした政策を持ったB党が対立するようにする。その上で、どちらか有権者が選んだほうの政策が実行されるというかたちにしなければいけない。そのためには、個人や派閥といった党内の多様性はあまりないほうが望ましく、政党間の対立構造というかたちに整理されなければいけないんだという考え方で、そのためにマニフェストの導入を説いたんです。

ところが、小沢一郎さんもマニフェストに非常に同調してきた人ですが、彼は、まさに佐々木さんたちの思惑とは逆のかたちでマニフェストを使った。マニフェストを盾にとって分派活動をやったわけです。さすがにこれは佐々木さんたちも予測していなかったと思いますね。民主党は色々な事情で選挙のときのマニフェストとはかなり違う政策を実現することになった。そこを小沢さんがとらえて、逆に党内の分裂を進めてしまうという皮肉な結果になったわけです。

これに対しては、マニフェストを守らなかった野田前首相たちが一方的に悪い、という考え方もあるかもしれません。しかし、私自身はどちらかというと、状況の変化に応じて臨機応変に対応するのが政治だという考えを持っています。イギリスなどのマニフェストも、はっきりとした数値目標を入れたりはしていないはずで、日本ではちょっと硬直的にとらえられすぎていたのではないでしょうか。二年後、三年後の経済状況まで予測して計画しろというのは、昔の社会主義国の「五ヵ年計画」のような話で、とても無理です。まして日本のように自然災害が多い国では、突然の出費など、突発的なことが起こりすぎる。これもイギリスなどとは違う事情です。

佐々木さんに関してあと二、三点だけ指摘しておきます。一つは、彼が扱ったプラトンの政治観についてです。ある本のなかで、家畜にえさを与えて育てる動物飼育術、こういうものは政治とは関係ないとプラトンはいっている。

こうした議論が私のなかでは佐々木政治学とも重なるのです。政治というものを考えるときに、人々の生活を守る、こういうことを政治の基本的な目的にすると政治は腐敗していく。これを現代に適用すると利権政治、開発政治、こういうものが戦後政治のなかで展開してきたことに対する批判になります。日本政治の最大の問題点を利権政治ととらえる「政治改革」的な問題意識とどこかつながってきます。

あるいは、彼は「二〇世紀型体制についての一試論」で、二〇世紀においては確かに民主政治が一般化してきたが、それは、産業化と戦争動員のために人々の協力が必要だったことと無縁ではない、といっている。人々に戦争に行ってもらうためには一票を与えなければならない。これは世界中で起こったことです。日本で普通選挙が成立していくのも戦争動員と関係がある。それから、産業化を国中で進めていくためには、人々をネーションとして結合させることが必要なので、そういう意味で民主政治というものがあった。

ところが、経済が一国単位じゃなくなり、そして、もはや、少なくとも国同士の戦争というものが考えられなくなってきたときに、国家にとって、人々に票を持ってもらう意味がなくなっていくという問題が起こる。これまで前提とされてきた民主政治も実は産業化とか開発とかと結びついたものなので、論理的に必ず要請されるものではないと佐々木さんはいっている。これは非常に重要な問題提起であり、私自身、それについてこれから考えていきたいと思っています。

また佐々木さんは丸山さんに関しては、権力の統合という部分だけを常に引用する。他の側面は引用しません。このことにあらわれているように、丸山さんのなかにあった権力統合論的議論を、佐々木さんは現在において展開している。その権力統合の内容は、プラトンの動物飼育術的な部分、つまり利権政治的なものを除いた部分であり、いわばマキャベリやボダンの主権論的な部分だということがいえるわけです。

公共圏論と生権力――ポスト戦後政治学のキーワード

少しだけまとめておきます。私どもの先輩についていま色々いってきたんですが、では、私とかその辺の世代はいったい何をしているのか。そこでは、ハンナ・アーレントとミシェル・フーコーという二人の思想家が重要な位置を占めます。とりあえず、この二人に代表される二つの違う方向があって、その振幅のなかで議論してきたということがいえます。

アーレントが示した方向性は、公共圏論です。どちらかというと、これは経済的なものと政治を切り離すという議論になってくる。政治を、経済や人々の生活保障などとの関係で考えるんじゃなくて、人々が言葉によって結びつくコミュニケーションとか、そういうものが政治なんだと、これがアーレント的なモメントであり、実は佐々木さんも早くからアーレントに注目しています。

それに対して、政治学にフーコーが入ってきたことで何が大きいかというと、色々あるのですが、その一つが「生権力」論の重要性です。簡単にいえば、まさに生活保障の部分、先ほどの佐々木さんとプラトンとの関係に引きつけていえば、そこで排除された動物飼育術的な部分が実は権力の作用としては重要だということです。

福祉国家をどうとらえるかは、特に九〇年代以降大きな問題になりました。福祉国家はだんだん維持できなくなっていく。それに対抗するにはどうするかというときに、戦後の初発の権力論、つまり、権力というのは人を戦争に動員したりするとにかく怖いもので、できるだけ小さくすればいいという話をしていたのでは、あるいは、官僚制が肥大化してだめだと公務員を叩いているだけでは、福祉国家は維持できない。そういうものはなくして全部自己責任にすればいいと、そういう議論につながりかねないわけです。

そうすると、権力、あるいは国家が強大化することに警戒するのはもちろんですけれども、それだけをいっていくと、市場主義、自己責任論に回収されてしまう。フーコーはそう単純にいっているんじゃないですけれども、しかし、人々を生かす権力、あるいは人々の生命、生活を維持する権力という、そういう権力のあり方もある、そして、それを簡単に批判できるわけではないということをいったという面でやはり注目される。

生権力をどう評価するか、三・一一後の論点との関係でちょっとだけ申しあげておきます。原発問題に関しては、基本的には福島みたいなところでは原発しかなかった。炭鉱がだめになって、他に産業がないところで人々が生きていくためには原発を抱きしめていく、そういう選択を外部から批判しても仕方がない、そういう議論もあります。私たちは人々の生活を維持する権力体制を一概に否定することはできないということは念頭に置かなければいけない。もしもそれを批判するのであれば、それとは違うかたちでどう生活を保障していくのかという観点で考えていかなければ説得力はない。事故が起こったから間違った選択だったといっているだけでは、なかなか難しい。

これに対して人々の安全志向自体が巨大な権力を引き寄せて自由を奪ってしまう、それに対する違和感があるという議論もあります。こういう考え方はもちろんそれ自体としては理解できるんですが、こういう議論は、実は非常に屈折した回路をたどって、ある種の市場主義、新自由主義的な自己責任論と共振するということをもう少し意識したほうがいいんじゃないかと私は思うわけです。権力と自由の問題というのも、一概に何でもかんでも権力を否定していけばいいとか、逆にもちろん権力を何でも巨大化すればいいというふうな、一面的な議論はできにくい領域だろうと思っているわけです。

政治思想・政治理論の世界で、一方では、政治の問題をできるだけ経済と切り離されたところで言葉の問題としてとらえ直そうという、そういう動きが討議民主主義とか色々なかたちで出ています。政治を言葉の問題とするのは、とりあえず物質的な問題とは切り離して政治をとらえようとすることです。しかし、それだけでやっていくと、政治は経済に対して一切発言力がないという話になってしまいますので、生権力的なものもやっぱり必要ではないかと思います。政治を動物飼育術と完全に切り離していいのか。あるいは、もっといえば、利権政治を全否定していくということは、果たして政治の見方として可能なのかという問題提起にもなってくると思うんです。

戦後政治学は、当初、天皇制とスターリン主義への批判から始まって、そして、ある時期からは、高度成長批判とか、あるいは官僚制批判、その裏側としての政治主導論などといったかたちで、実は日本社会における議論のかなりの部分にそれなりのインパクトを与えてきた。しかし、どうも一面を強調しすぎたのではないか。一面的だからこそ影響力を及ぼせるということはあるわけなのですが、ある種の敵を想定することによって議論するというやり方は、現在の複雑な社会では問題を真に解決することにはつながらない。かえって混乱を深めるばかりなのではないか。政治学はそういう反省の時期に入っているのではないかと個人的には思うわけです。

【討議】杉田 敦×姜尚中

姜　杉田さんには、日本の政治学の流れを、非常に大きな見取り図でもってたどっていただきました。

ここで、僕から幾つかぜひともお聞きしたいことがあります。最近、朝日新聞の船橋洋一さんたちの、福島原発事故独立検証委員会の報告書が出ました。そのなかに「エリートパニック」という言葉が出てきます。要するに、エリートたちのなかに、この事故がどんなにシリアスなのかというのを対外的に明らかにすると、一般の国民がパニックに陥るという話があったわけですね。

僕はそれを読んで、丸山さんの「開国」（『忠誠と反逆』筑摩書房）に出てくる「奸民狡《かんみんこう》夷《い》」という言葉を思い出しました。江戸幕末期に幕府が一番恐れたのは、一般庶民が夷狄《いてき》と内通して社会の秩序が紊乱《びんらん》されることだった。共通するのは、統治機構のなかにいる人たちの国民に対する不信感なんですね。報告書を読むとその根は官邸内部で閣僚や官僚らが互いに疑心暗鬼になっていたことから来ている。そうすると、今回の原発事故からの政府あるいは関係機関を統治構造論として見た場合に、政治学的にいうと、どのような問題が見えてくるでしょうか。

杉田　その調査委員会報告書はまだ見ていないんですけれども、別の報告書では、これも丸山さんの用語ですが「無責任の体系」という言葉が使われています。お互いに、「誰かが決めてくれるんじゃないの？」などと言って誰も決めない。つまり、決定のシステム、ガバナンスがきちんとなっていないということが、危機になると露呈してくるという指摘です。しかし問題は、もはやガバナンスがどうやっても無理になっていることなんですよ。これまでに出てきた選択肢としては官僚支配、第三者機関、そして市場があるわけなんですが、このどれもが効かなくなっているというのが現状です。

この間、官僚による規制に代わるものとして、第三者機関に任せる流れが出てきました。原発の場合の第三者機関とは、たとえば原子力安全委員会ですが、結局、第三者といっても、実はインサイダー、「原子力村」だったということが今回明らかになりました。これは原子力だけの問題ではない。他の問題でも、専門に近いところになると、規制する側と規制される側とがつながっている。そうすると、ガバナンスは第三者に任せればいいというわけにもいかなくなった。これは相当深刻な問題です。

　市場主義的な人々は企業の自主規制に任せればいいと考える。たとえば規制緩和してあとは自己責任、何かあったら法律で事後的に罰すればいい。こういうことは、小泉・竹中改革でよくいわれました。これを応用すれば、原発は東電に任せておく。そして、失敗したら、あとで莫大《ばくだい》な損害賠償を請求すればいいという考え方になる。しかし、いま、東電に任せてよかったと思う人は誰もいない。そして、事後規制では取り返しがつかないようなリスクである。そうすると、官僚規制でも、第三者規制でも、自主規制でもだめというわけで、あるべきガバナンスについて、私たちに残された選択肢はまだ見つかっていない。これは非常に深刻な問題です。

姜　丸山さんの「合成の誤謬《ごびゅう》」じゃないけれども、一人ひとりにはそれなりのコモンセンスはあるのに、それが合成されると、全く愚かな選択を誰も文句をいわずにしてしまう。これを市民が統制するというのは、口でいうのは簡単だけども、果たしてそれが可能かどうか。これは非常に難しい問題で、今回僕が感じたのは、専門家とかエリートの、ある種のエートス（倫理）が、組織の論理のなかではほとんど生かされていない。ドイツのメルケル首相の場合は、ミュンヘンのイザール原発を一つとめるときにも専門家委員会をつくったんですけれども、三月一一日が起きて、もう一つ、倫理委員会をつくった。それで、結局、倫理委員会の意見に耳を傾けて、それで脱原発を決断をしたという。

杉田　今回みたいな危機になると、色々な陰謀論が出てくるわけです。菅直人元首相が全部悪かったという話をはじめ、他にも色々な陰謀論が出てきた。その多くはほとんど根拠がない。本当に陰謀なら、陰謀の首謀者を摘発すればいいんですが、そうじゃないところに難しさがある。むしろ一人ひとりの人間は何も悪意はないんだけれども、その行動が合わさってシステムとしておかしな結果になる。つまり、ガバナンスのシステムが必ずしもうまくいっていない。

それからもう一つ姜さんがおっしゃったことは、技術的な理性だけでものごとを管理しようとすることとの問題点。これは日本の場合、原発だけでなく、たとえば臓器移植とか色々な問題に関しても、倫理とか哲学とか宗教に関係した人々の意見を一応聞くけれども、決定には反映せずに、技術的な議論が前面に出てくる。科学技術によってものごとは理性的に解決できるという、ある種の技術的な理性主義みたいなものが日本では非常に強い。

もちろん技術の専門家を尊重しなければいけないけれども、狭い意味の技術的理性だけでは解決しない問題が必ずある。そこのところを、いま、姜さんは、示唆されたと思うんです。

ドイツのウルリヒ・ベックがまさにチェルノブイリのころに、リスク社会論を論じました。そのときにベックも、技術的な議論だけでは無理で、最後はある種の熟議的決定が必要だといっている。つまり、とりあえず神話を与えておけばいいということじゃなくて、問題をはっきりさせたうえでみなで議論していくことに期待するしかない。それが民主政治です。

姜　僕も杉田さんと大体同じで、本当にこれはそう簡単に解けない。

最近あるテレビ局の人が、五月三日の憲法記念日を迎えて、日本にも非常事態法が必要なんじゃないかといっていた。今後、再び大震災みたいなものが起きた場合に、総理大臣に特別に権限を集中させるべきだ。国の安危にかかわる事態には、例外状態を想定して、憲法の一部の改正をやるべきではないかといっていた。民主党のなかにもそういう考え方があるみたいです。

それを聞いていて僕は、そこには民主主義の非常に悩ましい問題があると感じました。つまり、危機を克服するために権力の集中が必要だけれども、それが民主主義の息の根をとめるかもしれない。僕はそれに対してうまく答えられなかったんですけれども、ただ、憲法を変えるというよりは、下位法の整備でそれはできると思う。こういう議論に関して、杉田さんがどのようにお考えなのか聞かせてください。

杉田　原発だけじゃなくて、災害の問題というのは、我々にとってはずっと存在していく問題で、そうすると、大災害に対して非常事態法を持ってはいけないのかというのは確かに重要な問題提起ではあると思うんです。

戦後の憲法学も、かつてはとにかく権力を集中させてはだめだ、権力は小さくすべきだということをずっといってきた。けれども、そうすると、非常事態に対応できない。あるいは、権力を小さくすると、福祉国家というものが十分に位置づけられない。福祉というのはやっぱりある程度国家が大きくなければできない。ですから、権力観の修正が憲法学でも起こりつつあって、いままでのように、ただ権力を小さくすればいいということではなくなってきているんです。ただ、例外状態規定を憲法につくっていいかというところまではいわないと思うんですが、しかし、問題提起としては避けて通れない。
その場合、権力の集中というのは、時限的にやるということが重要です。シュミットによれば、独裁には二つあって、無期限の独裁と時限的な独裁がある。民主主義の危機においては時限的な独裁はあり得るということをシュミットはいっていて、これをどう評価するか。特に日本のように大災害が多い地域では、場合によっては一定の権力の集中を時限的に、たとえば規定上三ヵ月とか半年とかそういうかたちで決めておくというのは、一つのオプションとしてはあり得ないことではない。このシュミットの問題提起は戦後の日本の政治学のなかで非常にいやがられてきたのですが、無視はできないものです。

【Q&A】

Q　三・一一後に、安全というものが、国家が保障するものから、結果的に地方自治体のほうへ移行してきているのかなと思いますが。

杉田　東京で何かあったら、中央集権だったらもうおしまいです。ドイツのように国のなかに中心が複数あるような、そういう分権的な体制がもしできれば、より安全です。ただ日本の場合、地理的条件などから、なかなか自立した経済圏をつくりにくい。現状では、基本的には東京でつくっている金を地方にばらまいている状況ですので、それをヨーロッパ型のシステムに変えるというのは、そう簡単ではない。けれども、これまでのやり方がまずいということも事実です。

Q　自治体の新しい可能性を探るとしたらどのようなことでしょうか。

杉田　大阪で橋下現象がいま、盛りあがっていますが、橋下さんや、いま色々なかたちで出てきている政治勢力が、政治主導や分権化を切り札としている点については、私はかなり懐疑的です。

根本問題は経済です。地域の経済的な復興がないと、問題は解決しない。二重行政を整理するとか、公務員の給料を減らすだけで解決できる問題ではない。大阪の産業をどうするのかという具体案については誰もいっていない。官を小さくすれば、市場が自然に活発になるようなことをいっていますが、そんな単純なものではない。大阪の役人が減っただけで、東京の会社が本社を大阪にもっていくなどということはありません。しかし、結局、何か新たな産業を起こす具体的な方向性が見つからないので、とりあえず敵を身近なところに見出していくというかたちになっているとすれば、それは政治のあり方としては本道じゃないと思います。

姜　問題は日本の人口、一億二〇〇〇万人のうちの大体六〇〇〇万人が、首都圏から東海、中部、関西までの太平洋ベルト地帯に集中している。それ以外の地域ではますます過疎化が進んでいる。僕は、首都圏とか太平洋ベルト地帯以外の六〇〇〇万人の今後の生き残り策として、地方自治法を改正して、自治体同士がそれぞれの利点あるいは欠陥を補うような、人口の相互移動ができる仕組みも論議すべきだと考えます。たとえば福島に行くと、除染ができないなら早く代替地を見つけてくれというような意見もよく耳にします。それなら、人口が減少している自治体にそのまま町が移動して、その場合は中央からも補助金がある程度出るとか、そういうことも真剣に考慮する必要があるのかもしれません。

杉田　いま、姜さんが、人口移動も含めてある程度考えなければいけないといった。これは相当踏み込んだ議論になってくる。私も共感する面もありますが、必ず出てくる反論として、特に東北の場合はコミュニティの絆が非常に強いので、自分たちが土地から切り離されてばらばらに移動することに伴うリスクがものすごく大きいといいます。少なくともそれを強制的にやることは許されない。低放射線被曝のリスクが長期化することを考えれば、ある土地に結びついた自治体という概念が、存続しにくいような状況も生まれてきかねないのは本当に深刻な問題ですね。これについては、全国一律でなく、特別の対応も必要になるでしょう。

第四回　二〇二〇年の中国——世界はどう評価するか

加藤千洋

〔かとう・ちひろ〕

同志社大学大学院グローバル・スタディーズ研究科教授。一九四七年、東京都生まれ。一九七二年朝日新聞社に入り、論説委員、外報部長などを経て二〇一〇年春まで編集委員。この間に北京、バンコク、ワシントンなどに駐在。二〇〇四年四月から四年半、「報道ステーション」（テレビ朝日系）でコメンテーターを担当。一九八〇年代初めに中国・遼寧大学に留学し、一九九四年なかばに米ジョンズホプキンス大学ＳＡＩＳ客員研究員を務める。一連の中国報道で一九九九年度ボーン上田記念国際記者賞を受賞。

（講義日　二〇一二年四月一六日）

【講演】

中国政治の一寸先は闇

みなさん、こんばんは。つらつら考えてみたら三八年間も新聞記者をやっていました。二〇一〇年三月に朝日新聞社を卒業しまして、四月から、京都の同志社大学大学院グローバル・スタディーズ研究科で教員をしております。記者時代の中国体験を踏まえて、中国を中心としたアジアの問題について担当していますが、ゼミで指導する七人の学生のうち五人が中国人留学生で、日本人の私が中国の若者に中国のことを教えるという極めて困難な日々を過ごしております。

今日は「二〇二〇年の中国——世界はどう評価するか」というようなタイトルをつけました。いわば近未来予測をするということになるわけですが、実は北京《ペキン》特派員経験者にとっては中国のことを予測するのは禁じ手なんです。北京特派員として勤務して得た最大の教訓は何かというと、たとえ明日のことでも中国のことは断定的に書いてはいけないということです。よほど自信があっても、「と伝えられる」とか、「ほぼ確定している」とか、原稿に逃げを打つ。それほど慎重に対処するのは、中国政治は一寸先は闇なんです。ですから、一〇〇％断定して記事を書かないという悪い習性をずっと身につけることになってしまいました。

最近の具体例でいうと、中国で非常に話題になっている薄熙来《はくきらい》という人物がおります。中国では二〇一二年の秋、中国共産党が五年に一度開く全国代表大会、今回で第一八回目の党大会が開かれます。ここでこれまで一〇年間、政権を担ってきた胡錦濤《こきんとう》共産党総書記（国家主席）、それと温家宝《おんかほう》首相、この胡錦濤・温家宝体制が終わって一世代若返り、次の世代の政権が構築されるのです。それで胡錦濤の後任は、いま五八歳の習近平《しゅうきんぺい》が次の政権の中心に座って集団指導体制を構築することがほぼ確定しています。その集団指導体制は共産党のトップグループ、二十数人の政治局員で構成され、そのうちのトップ数人が政治局常務委員として最高指導部を形成し、一三億の中国の民をたなごころに乗せて政治を運営すると、そういうかたちになっているわけです。

つい最近まで日本の新聞各紙には、秋の党大会で最高指導部はこういう顔ぶれになるのではないかという大胆な予測記事が出ていましたが、そのときに薄熙来はそのトップグループの最後の一席を争っている、多分指導部に入るだろうと予測されていた。ところが、三月一五日に、彼は、重慶《じゅうけい》市という中国でも内陸の重要都市のトップ、党委員会書記だったのですけれども、その職を解任されて、四月一〇日、今度は党政治局員の職務を停止するという処分が発表された。事実上の解任です。つい先日まで日本の新聞が「次世代のホープ」と書いていた人物が突然失脚してしまうことがあるのです。

このことでわかるように、中国のことは明日のこともよくわからないのに、今日は禁を破って、中国の将来予測を大胆にやってしまおうという趣旨なので、内心、緊張しております。

中国の経済成長はいつまで続くか

中国の経済状況がいったいいつまでいまのような調子で続くのか。続くとしたら、今日のターゲットにしています二〇二〇年までは、中国の経済成長はほぼこんな調子で続くのかということは多分、今日おいでのみなさまも一様に関心のあるところだろうと思います。

私は経済の専門家ではないので、いま参加しているキヤノングローバル戦略研究所の中国研究会の仲間たちの成果をちょっといただいてお話をしたいと思います。二〇一〇年に中国のGDPが日本のGDPを追い越して、日本は一九六八年から維持してきた世界第二位の経済大国という座を中国に譲ることになりました。中国のGDPが日本を上回った。その中国がさらに右肩上がりに線を伸ばしていくと、どうも二〇二〇年前後にアメリカに追いつくのではないか。キヤノングローバル戦略研究所の中国研究会で紹介された資料を見ると、二〇二〇年を待たず中国は世界最大の経済大国になるのではないかと、予測されています。

もちろんこの予測には前提条件が色々ついていて、直近でいえば、欧州の景気動向が少しずつ安定するのか、さらに悪化してしまうのか、そういうこともかかわってきます。中国の対欧州輸出が伸び悩んでいます。そういうことも響いてくるわけです。あるいは、これはドルベースで考えていますから、人民元とドルの為替レートがどうなるのか。年平均でどれくらい人民元の切りあげがあるのか。色々な予測があるわけですけれども、おおむね内外のエコノミスト、シンクタンク、あるいはIMF(国際通貨基金)、世界銀行とかアジア開発銀行といった国際機関の予測では、二〇二〇年の前なのかあとなのかは別にして、経済規模で中国はいずれ世界最大の国になるだろうとの見方が多数です。

独立行政法人経済産業研究所の関志雄《かんしゆう》さんら、私が日ごろ参考にしているエコノミストたちの見方でも、少しずつ米中逆転が起きる時期が前倒しになってきているのです。この点は注目してもいいのかなと思います。

大づかみな話をすると、先ほどいったような世銀やＩＭＦなど国際機関の予測は、おおむね中国経済は減速は避けられないにしても、比較的高い成長を二〇二〇年までは維持できるのではないかということで、ほぼ一致しているように思います。

オランダの大学で長く活躍したアンガス・マディソンというイギリス生まれの著名な経済学者がいます。彼は昔の時代のある地域のＧＤＰを相当精密に推定する学問領域を開いたことで知られますが、彼のデータを拝借すれば、世界全体のＧＤＰに占める中国のシェアの推移を見ると、一八二〇年、中国は世界全体のＧＤＰの実に三分の一を稼ぎだしていました。つまり、中国は世界最大の経済大国だったのです。一八二〇年というとお気づきの方もいらっしゃると思うんですけれども、その二〇年後の一八四〇年から一八四二年まで中国はイギリスとのアヘン戦争で、コテンパンにやられた。清《しん》朝の長期政権で腐敗の進行という内部的要因もありましたが、アヘン戦争で敗れたことを契機に、秋の日のつるべ落としのごとく中国は国力を失っていくわけです。

およそ一〇〇年前の一九一三年になると、世界全体の中国のシェアは八・九％、一けた台になっている。どんどん縮んでいくんです。最終的にどこまで縮むかというと、一九七八年は五％を切っています。この一九七八年というのが現代中国ではものすごく大事な年です。その前の一九六六年から一九七六年までの一〇年間、中国はあの文化大革命で正常な経済活動がストップし、経済が疲弊します。大学も閉鎖されて、正規の教育活動はストップし、全面的な停滞を余儀なくされる一〇年間を経ます。

その後、二年経た段階が一九七八年で、世界のＧＤＰに占める割合では中国は四・九％まで縮んでしまったわけです。しかし、この年の末、文化大革命の失脚から復活した鄧《とう》小平《しょうへい》が旗を振って、こんなことでは中国は球籍、地球の戸籍から抹消されてしまうという危機感のもとに、失われた一〇年をいかに早く取り戻すか、最大の国家目標は経済建設だと、そういう号令を発して、今日に続くいわゆる改革開放政策をスタートさせたのです。

以来、二〇一二年で三三年ぐらいたつわけです。

その間、中国は平均一〇%近い経済成長を果たして、二〇一〇年には再び世界のGDPのほぼ一割を占めるぐらいまで回復して、果たして、二〇二〇年にはどのぐらいになるのかということが大いに気になります。

アジア開発銀行が二〇一一年の総会に合わせて発表した「二〇五〇年の世界アジア経済の展望」という分厚いリポートがあります。それで指摘されたポイントの一つは、世界経済の重心が西から東へアジア太平洋地域に移動してくるという点です。具体的な数値としては、現在、アジアが稼ぎだしているGDPが地球全体の三〇%弱、それが二〇五〇年には五二%、過半数を超えるとありました。そのときのアジア各国の割合はというと、確か中国が二〇%、インドが一六%、日本は現在の九%から、三%ぐらいに縮んでしまうという予測だったように思います。

いずれにしましても、二〇五〇年の中国がどうなっているかなんてわかりっこないんですけれども、世界全体に占める中国のGDPの割合も二〇%近くになっているのではないか。一八二〇年の三分の一には及ばないにしても、この段階では、世界最大の経済大国になっているのではないか、と思うのです。

中進国の罠

アジア開発銀行のリポートでもう一つ気になるキーワードがありました。それは「ミドル・インカム・トラップ」（中進国の罠）という言葉です。これはいま、中国の経済界でも議論の焦点となり、メディアでも話題になっているキーワードです。中国は二〇一一年末の一人当たりのGDPが五〇〇〇ドルに到達しました。これはもう中進国の水準といっていいでしょう。

ただ、ここで一つ強調しておかなければいけないのは、中国は普通の国ではないんです。平均値で考えられない国なんです。格差の問題についてはあとでも触れますが、中国の総人口約一三億五、六〇〇〇万人で割ると五〇〇〇ドル超なんだけれども、上海とか北京とか南の広州とか北の大連など、沿海の都市部ではすでに一万ドルをはるかに突破している。でも、内陸部に行くといまだに一〇〇〇ドル前後の地域もあるということで、あくまで平均値が五〇〇〇ドル超ということなんです。

それはさておき、「中進国の罠」というのは何かというと、簡単にいえば途上国が中進国になって、次に先進国になるその段階で、成長速度が徐々に緩慢となり自国内の生産性を高める努力を怠ると次の関門はなかなか越えられないことです。アジアでは過去、中進国になって順調に先進国レベルに達した国・地域は、日本、シンガポール、韓国、台湾、この四つしかないんです。中国は果たして五つ目の国になるのかどうか。この中進国の罠でつまずいてしまう可能性はどうかということがアジア開発銀行のリポートでは触れられておりまして、これが話題を呼んでいるのです。

現実に色々な問題が出ています。中国のメディアの表現では、中国の二一世紀の最初の一〇年、二〇〇一年から二〇一〇年まで、この一〇年間は沸騰する一〇年というふうにいわれています。実質ベースのGDPの伸びが三倍以上、貿易額は輸出・輸入とも五倍近くになっています。一〇年間で猛烈な勢いで経済のボリュームを大きくしたわけです。いままでの世界史上では例がない、沸き立つような増額を実現したわけです。

経済が沸騰する一〇年の一方で、問題も沸騰する一〇年でした。問題が続出しているわけです。たとえば格差の拡大、所得格差だけではなくて地域間の発展格差もあります。それから不動産価格の高騰。庶民にはとても手が届かないマンションががんがん建って、投資目的で売買される。だから上海の高層マンションには夜になっても電気がつかないフロアーがあると、そういう状況が起きているわけです。

中国では「国進民退」というのですけれども、国有企業が前へ進み、民間企業が後ろに退くという、政府から優遇されている優良国有企業は寡占でもうけて、民間企業が後退を余儀なくされる、そういう状況があります。中国では重要な経済部門、たとえばエネルギー産業だとか国防産業とか通信産業とか、そういう業種が国から手厚く保護されて、民間企業がつけ入るすき間がない。そうすると、国有企業は安住してあぐらをかいて、生産性を上げるとかエネルギー効率を上げるとか、そういう努力を怠る、まさに中進国の罠です。

生態環境の荒廃。環境に思いっきり負荷をかけてGDPを大きくするということに中国は邁進《まいしん》してきたわけです。もう限界を超えています。

汚職腐敗現象の蔓延《まんえん》。先ほど触れた薄熙来にしても、汚職の話が続々と出ています。中国の幹部で汚職をしていない人は誰もいないと、中国の庶民はそう思っています。政治的地位を保っているうちはボロは出てこないんだけれど、いったん政治的な立場を失うと、薄熙来のようにぼろぼろ出てきます。腐敗はもう病膏肓《やまいこうこう》に入《い》る段階だろうと思います。

　情報統制。中国は二〇一一年末現在でインターネット利用者が五億人を突破しました。五億一三一〇万人、世界最大のネット大国です。しかし、新聞や放送、そしてネットを含めたメディアの情報統制はいまも揺るがせにしない。党と政府ががっちり管理統制しており、こういう手かせ足かせをはめられたような状況では、中進国から先進国に本当に行けるのかと思います。これまでのような右肩上がりの成長が二〇二〇年まで本当に続くのか、というふうに思える状況が山ほどあるわけです。

　私は、こういう中国の現状を「強い国家ともろい社会の併存」と表現しています。「国家」という枠組で見た場合の強さ、これは指を折れば色々あるわけです。何しろ二〇一〇年にGDPで日本を追い越して、アメリカに次ぐ世界第二位の経済大国になった。政治大国でもあります。国連安保理の常任理事国、拒否権を持つP（Permanent members）5の一角を占める。シリア問題でも安保理決議に対してロシアと中国が拒否権を発動して成立しなかった。中国はイランの石油資源、ガス資源を重視している状況下で、イランと非常に密接な関係にあるシリアを制裁したくはない。拒否権という権利を国連常任理事会で行使できる政治大国です。

それから、軍事大国でもあります。核を保有し、中古品でありますけれども、旧ソ連のワリャーグという空母をウクライナから購入し、改装して試運転しました。戦闘機の着艦訓練用に使うようです。宇宙にロケットを上げて、大気圏に人間を送りだすことにも成功して、それこそ二〇二〇年を最終ターゲットにして、中国人を月面に送り込むという嫦娥《じょうが》計画という夢のプランも持っている。これも科学技術というよりも軍事技術ですけれども、そういう面でも中国は軍事大国といえます。

毎年春に開かれる中国の国会にあたる全人代で公表される国防予算だけでも、いまやアメリカに次いで世界第二位の規模です。中国の公表される国防予算は、実態の二分の一から三分の一程度だろうというのが世界の専門家の常識ですが、それを考えても、世界最大の軍隊である二三〇万人の人民解放軍を養う膨大な軍事予算を毎年計上している軍事大国です。

ついでにいえばスポーツ大国でもあります。二〇〇八年夏に北京オリンピックが開かれました。近代のオリンピックでは金メダル獲得数ではアメリカ、あるいは旧ソ連、そういうところがトップを占め続けてきましたが、北京オリンピックで中国が五一個の金メダルを獲得して、アジアの国で初めて金メダル獲得でチャンピオンになりました。

強い国家ともろい社会

国家としてとらえると中国は単なる大国以上に強国といえるのだと思います。でも、待てよということになるわけです。日本の新聞や雑誌は中国特集をやる際に、表紙のデザインとかカット写真に最近は上海の風景をよく使います。上海・浦東《ほとう》開発区の高層ビル群とか、そういうところがインパクトがあるので表紙になるわけです。その外観はいまやニューヨークのマンハッタン並みの立派さです。しかし、その足元を見ると、そういう立派なビルを建てるために中国の農村から出稼ぎに来た労働者が、場合によっては家族も連れて作業員宿舎で暮らしている。彼ら農民工たちの子どもは学校にも行かず、高層ビルの下を裸足でうろちょろしているという風景が見える。摩天楼の上から、その足元に視点を移すと全く違う風景が見えてくる。言ってみれば「国家」という単位ではすごい。しかし、足元の「社会」というところを見ると、やはり全然違った風景が見えてくるのです。

それを「もろい社会」と称しているわけですけれども、その一つは個人と個人とのあいだの所得格差、これは天文学的な格差がついています。一例を挙げると、中国の優良企業、特にいま、国営エネルギー産業などはもうかってしようがない状態です。中国石油化工集団（シノペック）、中国海洋石油総公司など、石油関連企業のＣＥＯ、彼らのなかには年俸が数億円という人もいる。

一方で、中国の所得配分を富士山にたとえると、その頂上付近に億単位の年俸をもらっているような超富裕層がいて、八、九合目にも億を超す資産を有するような富裕層がいる。五合目を挟んで中間層があり、一番下の広い裾野には膨大な数の貧困層がいるわけです。五、六〇〇〇万を数える底辺の人たちの年収はまだ二万円以下ぐらい。年収がですよ、月収じゃなくて。もう天文学的な所得格差がついているわけです。あるいはよく引用される例ですけれども、市民一人当たりのＧＤＰで、一万ドルをすでに超えている一番豊かな上海と、西南内陸部の貴州省とでは、非常な差があります。貴州省は省単位でいうと全国で一番貧しい地域といわれています。風光明媚《めいび》で、観光で行くと楽しいところですけれども、そこに住んでいる人たちは大変です。上海市と貴州省の住民一人当たりのＧＤＰを比較すると、九対一とか八対一ぐらいの大きな差がついています。日本の四七都道府県で県民所得が一番多いのは東京都で、一番少ないのは沖縄県です。その差は大体二対一です。普通の国では国内で二対一ぐらいの格差があるのは、当たり前ですけれども、中国の場合は九対一とか八対一というような猛烈な格差がついている。それから都市と農村の格差、さらに中国は五六の民族で構成されていて、漢民族が多数派で九二％を占め、残り八％が五五の少数民族ですけれども、漢民族地域と少数民族地域の格差など、色々な格差があるんです。

社会保障の未整備も大きな課題です。都市と農村の格差の話をしましたが、セーフティーネットがかぶせられているのは都市住民が主です。農村は、ごく一部の人たちがやっと社会保障制度の枠内に入り始めたという段階です。一三億数千万人の国民全員にセーフティーネットをかけるためには、膨大な原資が必要です。そのお金を果たしてどこからひねりだすのかという重い課題も待っています。

民族問題も重要課題です。五五の少数民族のうち五つの民族については常に北京中央政府からの離反、あるいは独立という傾向があるといわれます。目に見えるかたちの独立要求があるのはチベット、それからシルクロード地方の新疆《しんきょう》ウイグル自治区、この二つではすでにデモがあったりテロがあったり、色々あります。二〇一一年は内モンゴル自治区でもモンゴル族のデモが発生しました。したがって、この民族問題というのは中国の今後ずっと引きずる非常に複雑で解決困難な問題、中国の社会を四分五裂させるような可能性を秘めた大変厄介な問題だといえます。これも、「もろい社会」の一つのあらわれだと思います。

それから少子高齢化。中国は猛烈な勢いで少子高齢化の坂道を転げ落ちています。中国は改革開放政策と同時に一九七九年から「計画生育」と呼ばれる出産制限政策、通称一人っ子政策をやってきました。当初からやがて中国の人口構造がいびつになるぞという警告を発する声もあったんですけれども、続けてきた。その結果、三〇年たってそのひずみが目に見えるかたちで出てきた。一国の人口構成で一五歳から六四歳までの生産労働人口が非常に分厚くあるという時代、これが人口ボーナスが享受できる時代です。この人口ボーナスが中国の経済成長を押しあげる非常に大きな要因だったんですけれども、これをもうほぼ使い切ってしまった。二〇一五年ぐらいには労働人口が減少に向かうだろうと予測されます。これも中国経済の減速要因として影響する問題です。

日本の場合はもっと少子高齢化が深刻です。六五歳以上の人口はすでに二一％を超えて、超高齢社会に入っている。中国はまだそこまでは行っていませんけれども、もう日本の背中が見えてきています。日本の場合は、国民全体がある程度豊かになってから老いの時代を迎えましたけれども、中国の場合はまだ改革開放政策の恩恵を受けられず、豊かになれない人たちがたくさんいるなかで、早くも少子高齢化の時代を迎えている。中国のメディアで最近はこうした状況を「未富先老」と表現しています。いまだ豊かにならないうちに先に少子高齢化が始まってしまった。さあ、どうしようということです。人口問題の厄介なところは、付け焼刃では対策がとれないことです。最低でも二〇年、三〇年ぐらいかからないと効果が出ない。構造的に大変難しい問題に直面しているといえます。

この他にも環境問題についても色々ありますし、エネルギー不足もある。強い国家ではあるけれども、足元には非常に脆弱《ぜいじゃく》な体質がある。そうした問題にいつ火がついて、そこに裂け目ができるかわからないという状況に中国があるということは、隣国を見る場合に私たちは十分承知していたほうがいいと思うわけです。

中国外交の三つの論争軸

今後、中国はどのような対外姿勢、外交を進めようとしているのか。特にリーマン・ショック以後、アメリカや欧州、それに日本も含めて、中国経済がいまの苦しい状況を救ってくれるのではないかと期待するような状況のなかで、中国国内にも色々な思いが噴きだしている。ここまで頼られるような存在になったとしたら、もっと国際社会で強気の発言をして、みずからの国益を最大化する方向で押していってもいいのではないか、そういう声が出てきているわけです。そういう意味で、中国の対外姿勢はこれからより強硬なものになるのではないかという心配をする見方は少なくないと思うんです。

こうした点をめぐって中国国内には三つの論争軸があるように思います。第一の論争軸は「中国模式」、模式というのはモデル、チャイナモデルという意味です。あるいは北京コンセンサスなんていういい方もします。これは何かというと、色々な定義がありますけれども、わかりやすい説明としては、政治面では、中国共産党の一党独裁体制をあくまで堅持して、一方で経済面では官主導、政府主導で効率的な運営をしていく。平たくいえば国家資本主義という形式です。あるいは、かつてのインドネシアのスハルト体制とか、フィリピンのマルコス体制とか、韓国の朴正煕《パクチョンヒ》体制とか、いわゆる権威主義的リーダーがやってきた開発独裁に似たかたち、それが中国模式です。中国のなかには、ここまで長いあいだ、高度成長を実現できたのは、こういうやり方がよかったからだという肯定派と同時に、GDPの多寡だけ見ていたらだめだ、足元の社会を見ろ、こんな格差がつき、社会保障も未整備、そんな国が理想のかたちだと世界にこれをモデルとして宣伝できるのか。こういった否定的な見方もあります。中国国内でこの中国模式は有効なのかどうか、世界にモデルとして通用するのかどうかという論争が続いています。

二つ目に、「普遍的価値」をめぐる論争というのがあります。普遍的価値というのは、自由だ、民主だ、人権重視だ、そういう広く世界で認められている価値です。私たち日本もそういう価値を重んずる国だということになっているわけです。

中国では、温家宝首相が、「普遍的価値というものを中国も目指さなければいけない」という趣旨の演説を行った。温家宝はある意味、謎の人物で、時々ものすごく大胆なことをいうんです。世界と同じ価値を共有する国になるべく努力しなければいけないということを発言すると、保守派から一斉にブレーキがかかる。人民日報の報道は演説のその部分だけを削除する。これはなかなか敏感な問題なんです。

国内の深いところで、中国は普遍的価値を目指すべきではないかという開明派、良識派、改革派の声と、いや、中国は中国の国情に沿ったやり方で成功してきたんだから、中国モデルでやればいいではないかという声と、いま色々な声がまざりあって、論争があるんです。どちらが優勢か。二〇一二年の秋に構成される習近平指導部で政治局常務委員の顔ぶれがどうなるかということで、普遍的な世界共通の価値に近づく方向へ中国も行くべきだという、そういう方向性が強まるのか、むしろ後退する方向になるのか、そういう意味でもチャイナ・ウォッチャーにとって党大会の人事構成というのは揺るがせにできないのです。

第三の論争軸は、外交路線に関しての「韜光養晦《とうこうようかい》」というキーワードです。韜光養晦は、中国は一九八九年の天安門事件で西側諸国から経済制裁されましたが、そのころ鄧小平がいった言葉とされます。わかりやすい表現では「低姿勢路線」といわれています。中国は文革の痛手から立ち直って、ここまで経済発展してきたけれど、まだまだ実力は伴わない。

世界のなかでは頭を低くして目立たないようにして、そのあいだに実力を養って、勝負できるようになったら勝負しよう。それまでは韜光養晦だ。頭を低くして目立つなという、鄧小平ならではの非常にユニークであり、かつなかなか深遠な考え方だと思うんですけれども、中国はしばらくはこれでやってきた。

しかし、いまや中国が世界から経済面で頼られるようになっている。一部の国際問題でも中国が動かなければ解決できない。そういう状況だから、もうそろそろ低姿勢をやめて堂々と国力に見合った発言をして、国益を拡大するような方向で主張すべきは主張したほうがいいのではないか。中国にとって不利なアメリカが中心につくった既存のルール、これに注文をつけて、あとから来た中国もやりやすいようなルールに変えさせるべきではないか。そういう声が出ている。いま、ＣＯＰ15とか16で中国がかなりごり押しの発言をしているのは、そういう声の反映という面もある。

それから私たちにとって強く印象づけられたのは、二〇一〇年秋の尖閣《せんかく》諸島沖での海上保安庁の船と中国漁船の衝突事件です。一口でいえば、何てごり押しをする国なんだ、無理が通れば道理が引っ込むというか、一〇〇％自分たちの主張を聞かなければ、一切後ろに引かないぞというような態度で、中国というのは何て傲慢《ごうまん》な国だと感じたわけです。その結果、内閣府が毎年秋にやっている外交に関する世論調査で、中国に親しみを感じないという回答が七七・八％という大変な高い数字になってしまった。

これからの中国の対外姿勢は韜光養晦の低姿勢路線をやめて、国益に関する問題、特に主権とか領土問題では一歩も引かず、強硬一点張りになるのではないか。こんなイメージが日本だけでなく世界中に広まったわけです。レアアースの禁輸という経済問題も絡めたり、日本の建設会社の社員を拘束したりとか、ありとあらゆる手段をとって圧力をかけてくるということが、いやな隣人だなというふうに思わせてしまったわけです。

もう韜光養晦路線は卒業すべきだという論争も続いています。鄧小平も死んで久しい。新しい時代、二一世紀の中国の現実を踏まえて、もっとやれと、そういう声がかなり強まっている。先日、中国外交部の中堅幹部と会う機会があったのですが、ポロッと本音を漏らしました。尖閣問題について会議を開くと一三ほどの機関が絡むのですぐ結論が出ない。なかでも軍や海洋部門、エネルギー部門などの発言権が強まっていて、外交部はいまやその一三分の一なので大変なんです、と自嘲気味にいうのです。軍やエネルギー部門などから対外進出を積極的にして、領土、主権問題では一歩も譲るなという勢力の声が強まっている、そういう状況だというのは本当のようです。

ですから結論からいうと、まだ一つの方向にまとまったわけではなく、引き続き、論争が続いているけれども、全体の雰囲気からすると、やはりこれまでよりも中国は国益を主張して前に出てくる、そういう姿勢を強めていくのではないかと思います。

日本にとって望ましい変化

二〇二〇年、その段階で中国がどういう国になっていれば世界にとって、日本にとって望ましい国といえるのか。

第一に、経済的には、中国のいまのマーケットというのは世界経済にとっても非常に重要です。ですから、中国経済の成長速度が多少は落ちても、安定成長が持続できるような状態が二〇二〇年まで確保されるということは、望ましいことだと思います。

日本企業にとっても中国は大きいマーケットです。自己の企業活動を活性化し、利益を最大化する、中国はその活用の場だと考える企業が多いと思いますが、そういう意味でも政治的、経済的に安定した成長が持続することは望ましい。

第二に、対外的には強硬な姿勢が見え隠れするのですが、やはり合理的な判断に基づいて国際社会と責任を分担するような協調性を持つ中国であって欲しい。たとえば北朝鮮問題、シリア問題、特に北朝鮮に対してはもう少し影響力を行使して、我々の期待する責任を果たして欲しい。そうなれば望ましい隣国中国ということになるだろうと思います。

三つ目は、これからの習近平体制に一言注文ということでいえば、民主的な政治体制に徐々にその方向に見えるかたちで動いて欲しい。二〇一二年の秋の大会では、習近平を中心とする集団指導体制が発足します。中国の総書記も国家主席も任期は一期五年で、順当ならば二期一〇年務めます。そうすると二〇一二年から二〇二二年までは習近平の時代の中国になるわけで、二〇二〇年はまさに習近平がトップリーダーとして迎えます。その習近平とはいかなる人物か。いまのところ断片的なデータしかなくて、頭のなかがよくわからない。次のトップリーダーになることはもうわかっていますから、いま、失点をしないようにということで慎重に構えて、独自の意見はほとんど発表しない。基本的な対日スタンス、尖閣問題について、何をどう考えているのかよくわからない。

結論からいうと、政治の近代化、民主化という面では過度な期待はできないのではないか。中国は二〇二一年に中国共産党の創党一〇〇周年を迎えます。そのときも、順当にいけば習近平がその式典を仕切ることになるわけですけれども、それまでは現体制の維持を政権の最優先課題にすると思います。いまの体制というのは、中国共産党がすべてを指導する一党独裁体制です。体制の矛盾がますます深刻化するなかで、これを維持しようということを政治の最優先課題にするでしょう。その場合、独裁体制を維持するために二つ大事なのは、一つは人民解放軍、軍を指揮運営する軍権を握り続ける。そして、社会の不安定要素を抑える治安体制をしっかり保つことです。そしてもう一つ、政権維持のために、すべての重要情報を共産党と政府が握る情報統制が重要です。これを揺るがせにすることは考えにくい。そうであれば、習近平が民主化に大胆に一歩を踏みだすということはないだろうと、こんなふうに私は結論づけるわけです。

まだまだ色々とお話ししたいことはありますが、時間が来たので、とりあえず私のプレゼンテーションはこれだけにしまして、質問等がありましたらお受けしたいと思います。

どうもありがとうございました（拍手）。

【Q&A】

――（一色）中国人民解放軍は尖閣の問題とか南シナ海にもかなり強硬に出ていたりしますけれども、この軍の力が徐々に強まり、中国が制御できない、軍の意見に引きずられるみたいなことが起きるおそれはないでしょうか、いかがですか。

加藤　シビリアンコントロールの問題がよく提起されるわけです。中国の軍隊というのは諸外国と違って国家の軍ではなくて、党の軍隊です。最高指揮官は党総書記で、共産党がしっかり指揮権を握る軍隊という非常に特殊な性格です。この点でも中国国内で論争があって、党の軍隊ではなく国家の軍隊に改組すべきではないかという声が軍内部からも出ているのですが、それに対しては人民日報でとんでもないと否定する大論文が発表されて、引き続き党が握る軍隊という基本的な性格は変わらない。革命を保障した武装力、それが中国人民解放軍だという規定はまだ続いています。

胡錦濤体制の政治局常務委員グループの九人のなかには軍の制服組は入っていなかった。党が優位に立って軍を抑えているというかたちですけれども、ところが現実は、やはり軍は相当な力を持った集団です。先ほど申しあげたように外交政策でも発言権、影響力を強めているという状況が近年続いています。たとえば質問にあったように、海の問題についてはかなり強硬な主張、行動を続けています。日本の周辺地図を見ると西に中国大陸があって、東は日本列島から沖縄、南西諸島、そして台湾と続いています。この日中間の東シナ海を中国は内海化して、中国の支配力が及ぶ海域にしようと軍部は考えているようです。したがって、東シナ海、南シナ海の海洋の問題では、どちらかといえば国際協調を重視する外交部と軍の考え方に若干のギャップがあることがうかがえます。外交部も軍部の強硬な声を抑えかねているという状況がかいま見られます。

中国のテレビや新聞などのメディアで、軍の制服組や、軍の最高学府の国防大学の教官らが続々と意見を発表するようになっています。これは私が北京に駐在していた時代にはなかったことです。以前は内部では色々と議論をたたかわせましたが、新聞とかテレビという公開の場で発言するということはなかったんです。いま、続々と登場する軍関係者が、かなり強硬な意見をはいているのです。

たとえば、オバマ大統領が財政逼迫《ひっぱく》の折、軍事予算は世界全体では縮小するが、アジアは重視するなどアジア回帰戦略を打ちだしてきました。それについて中国の軍関係者はどう反応しているか。中国の安定的・持続的成長に必要なエネルギー資源の獲得、あるいは主権・領土の問題、そういう面ではオバマのアジア回帰戦略は自国にとっては非常に制約要因になるということで、警戒を呼びかけている。これは押し返さなければいけないという反発、強い主張が多く出ています。

一方で次期国家主席、総書記の習近平は、アメリカとの関係は当面、やはり安定が第一ということで慎重にやろうとしている。勇ましい軍関係者の発言は必ずしも軍の主流の考え方とはいえないのですが、結論的にはシビリアンコントロールがしっかり働いているかというと、そうじゃない風景もちらちら見えるというのが中国の現状だと思います。

それから今日は尖閣の問題で質問が出るかと思って、せっかくだからと〝特ダネ〟を紹介しようかと思っていました。二〇一一年の夏、中国を研究する仲間たちと訪中した折に中国共産党中央文献研究室という、普通ではなかなか行きにくい部門が受け入れてくれたので訪問しました。

大きい会議室に通されました。いわれを聞いたら、元は林彪《りんぴょう》の屋敷の応接室だったんだそうです。林彪は、文革のときに毛沢東《もうたくとう》の個人崇拝の道具となった毛主席語録というのを編みだした国防相で、一時は毛の後継者とされたのですが、結局、野心が露骨になったと判断した毛沢東から危険視されて、息子がクーデター計画を練ったけれど、ばれてしまって、飛行機でソ連に逃げようとして、燃料不足でモンゴルで墜落して死んだという人物です。中国ではそのような説明がなされています。

その会議室の一方はガラス窓で、一方は壁で、その壁に畳八枚分ほどの大きい中国の地勢図が掛けてありました。我々は研究室の人々と対話をしているときから、それが気になっていました。尖閣のところがどういうふうに表現されているか興味があったのです。その地図はいったいいつごろできたのか。会談が終わったあと、我々の仲間のうちの三人ぐらいが共通の問題意識があって、そばに行って確かめました。一九七〇年六月製作と書いてある。中国では尖閣諸島のことを釣魚島と呼んで、尖閣という言葉は使いません。ところがその地勢図には、尖閣群島、そして魚釣島と書いてあるんですね（笑）。国連機関が尖閣諸島海域で海底資源調査をして、有望なガス、石油資源があるということが発表されたあと、一九七一年の年末ぐらいから中国は領有権を主張し始めました。その前の一九七〇年六月にできた、しかも中国共産党の指導者の応接室に飾ってあった地図にそう書いてあったのです。写真は撮れなかったんですけれども、三人であとで確かに見たなと確認しました（笑）。中国は一九七一年以前は日本の領土として平気で受け流していた有力な証拠になるのではないかと考えました。

――これからも独裁を維持するために情報統制が続くということでしたが、一三億の国民の半分近くがインターネットに接していて、かつ中国から多くの人たちが海外に出ているなかで、どれだけ統制を維持していけるものなのか。それと日本以外の他の国、またはアメリカとかはどういうふうに注目しているのでしょうか。

加藤　情報統制の問題については簡単にお答えしますと、二〇一一年で、インターネットの加入者は五億人を超え、普及率は、三八％余りです。都市部に限ればもっと高い普及率です。海外とのネットワーク、たとえばアメリカ発のフェイスブックとかツイッターは、基本的には遮断されています。グレートファイアーウォールという壁で、海外とは基本的にはアクセスできないようにブロックされています。でも、そのすき間が色々ありますから、中国国内でツイッターに接続している人は一〇万人ぐらいいるといわれています。普通の中国人は中国版ツイッターといわれる微博《ウエイボー》というマイクロブログ、ミニブログともいわれるものを利用しています。これは中国国内の幾つかの会社が運営する中国版ツイッターで、利用者が急増しています。その中国版ツイッターでも自由な言論空間が広がっていて大胆な発言とか主張が飛び交っている、そんなイメージです。

具体的なケースを紹介すれば、二〇一一年七月に浙江《せっこう》省の温州市郊外で高速鉄道の追突・脱線事故がありました。あのとき朝日新聞上海特派員がスクープをしました。追突した列車の先頭車両を現場で穴を掘って埋めるのを一部始終見てリポートしたんです。これを中国の微博を使って現場にいた人たちがどんどん発信しました。そうすると、人民日報や新華社、中央電視台など、そういう既存の伝統的メディアが、中国の民衆が現場から発信する情報を後追いするというような状況になりました。

その微博では、鉄道部どころか中国の指導者に対する批判まで出てきましたが、党自体は一週間、あまり取り締まらなかった。ガス抜きしたんです。それで、一週間目に情報統制の元締めである党中央宣伝部、これが中国のメディア、そして微博の運営会社に指示を出して、以後「プラス面のニュースを中心に正面報道するように」と通達を出した。正面報道というのは中国独特の表現で、勝手な報道をやってはいけない、新華社が発表する統一の原稿を使え、救助隊が一生懸命頑張っている、鉄道部の幹部も現場の復旧対策に色々取り組んでいるとか、そういうプラス面を書けということです。このような事細かな指示を出して世論を誘導しようとすることをいまだにやっていて、こうした情報統制はそう簡単には変わらないだろうと思うわけです。

二〇一〇年秋の尖閣諸島事件では中国がレアアースの事実上の禁輸措置をとって対日圧力としました。これに対し日本だけでなくアメリカも欧州もまゆをひそめた。中国というのは政治的主張を押し通すために、そんなことまでやるのか。経済問題は、ビジネスライクにやればいいのに、経済問題を政治問題に絡めてくるのか。相互依存を深めるグローバル化社会で、たとえ中国で産出されたレアアースでも、国際社会で資源をコントロールして上手に使っていくという、そういうものではないか。それを政治的主張を通すためにそんなことをするのかということで、日本だけでなくアメリカも欧州もそれで結束した。中国のレアアースに頼らないためにコスト高で休眠していたレアアース鉱山をもう一回再生したりとか、代替の科学技術を早く開発しようという、中国を回避する方法を考える方向に行ったものだから、中国も対外イメージの悪化を気にして、ちょっとやりすぎたかなという反省をしている、そんなところがあります。

中国外交を実務的に統括している戴秉国《たいへいこく》というキーパーソンがいます。副総理クラスの国務委員ですけれども、彼が二〇一〇年一二月に論文を発表しました。簡単にいえば、中国は引き続き韜光養晦で、平和的に世界と協調してやっていく国家ですからみなさん安心してくださいという趣旨でした。これは一種のダメージコントロールでしょう。世界で自分たちのイメージが悪化したということをやはり自覚しているんです。中国も鈍感ではないのです。国内で論争があって、ときに強硬派がまさり、ときに協調派、慎重派がまさりという、まだ揺れている状況かなと感じています。

ちなみに二〇一二年の党大会を経て戴秉国は引退すると見られていますが、外交の統括役を誰が担うかということが早くも注目されています。候補が複数います。一人は元駐日大使で台湾事務弁公室主任の王毅《おうき》、彼の可能性はあると思います。けれども、王毅がなると彼は知日派だからいいとは単純にいえない。日本に柔軟なことをいうと袋だたきに遭うから、むしろ強硬なことをいう、そういうことになってしまうかもわからないのです。しかし、日本のことをよく知っている王毅が中国の外交統括役になると、ちょっと面白いかなと思います。

――素朴な質問ですけれども、共産党員が共産主義をどのように考えているのか。今日のお話にもありましたが、所得格差の問題、政治の腐敗、不動産の高騰など、共産主義の理想とはほど遠い現実のなかで、たくさんの共産党員がいて、その人たちが共産主義と現実の共産党の矛盾を、どのように考えているのか、聞かせてください。

加藤　根源的な、中国の一番基礎にある問題だと思います。中国共産党は世界最大の政党です。党員数が八二〇〇万人ぐらいで、ドイツの全人口と同じぐらいという、とてつもない政党です。その共産党の二軍組織といわれる共産主義青年団、これまた八〇〇〇万人ぐらいいる。その家族もいますから、一三億人の中国の全体のなかで四、五億人ぐらいは中国共産党関係者だと思うんです。これがものすごい既得権益集団になっている。そのなかで、共産主義社会をどう実現しようかとか、共産主義社会とはそもそもどういうものなのか、どうあるべきかというようなことを考えている党員は、多分、一万人のうちに一人いるかどうか（笑）。共産党が独裁体制をしくなかで、いかに自分の生活、仕事のなかで党員としての権利、権限を利用しようということを考えている党員が多数を占めているのではないでしょうか。

中国は二〇一二年に革命後第五世代の指導部になるわけですけれども、第一世代の毛沢東、第二世代のリーダーの鄧小平、革命戦争で体を張ってきた人たちが生きていた時代、そのときはそういう犠牲を払ってつくったこの中国を、もう絶対に変質させない。かつての共産主義の原則、たとえば労働に応じた分配とか、すべての生産手段は国有であるとか、そういう原則は絶対揺るがせにしない。建前的であるにしても、そういう原則には手をつけさせないと考えてきた人たちがリーダーのなかにはいたと思います。

けれども、第三世代リーダーの江沢民《こうたくみん》に至って、かつては社会主義的改造のターゲットであった資本家、私営企業家たちにも入党を認めるというかたちで、それまでの第一世代、第二世代が考えてきた共産党の原則を突破する試みをした。これを「三つの代表理論」というのですけれども、中国の経済的な生産力を前進させるものであれば、それは共産党の目指す方向と一致している。それを担っている優秀な人材は党員として迎え入れよう。だから、個人経営の経営者とか、もっと大きい民営企業の社長も党員になれるということで、そこでいわば大きく変質したわけです。労働者と農民の利益を代表する階級政党である共産党という位置づけが変質し、ウイングを広げた国民政党というかたちに変わりました。

そういう変遷を経て、いま、中国共産党員一人ひとりに問うたとしたら、自分が目指す共産主義社会はこうだとか、明確に表現できる人はいないのではないか。大学受験で政治という科目がありますから、試験のために模範解答を頭で記憶している人はいるかもしれませんけれども、本当に信念を持って理想を目指すという党員は少数派だろうと思います。指導部が第五世代になりますから、そういう観念はますます薄れていく。極論すれば、先ほど申しあげたように共産党創党一〇〇年までは共産党が政権を握るということ、中国共産党の権力維持が党の目的になっているのではないか。そんなふうに感じます。

――映画「胡同《フートン》の理髪師」で、オリンピックの素晴らしい街をつくるために、裏路地の小さなお家の方たちは立ち退《の》かされる場面がありました。そういう人々の、年収二万に限りなく近いような生活があるということを、海を隔てたすぐ隣の国に住む一人の人間として思ったときに、私たちの気持ちですぐにどうこうなるわけではないけれども、やはりそこはいい方向に行って欲しいと思うんですが、どうしたらいいでしょうか。

加藤　あの映画、「胡同の理髪師」の主演の素人俳優の靖奎《チンクィ》さんを取材し、知り合いになりました。まだご健在で九七歳になったかな。ああいう人が北京のひそやかな裏通りの胡同に住んでいる。質問への答えにならないかもしれませんが、我々日本国民一人ひとりが中国の個人と一対一の友人になるということがすごく大事なことだと私は思います。中国は、国としてつきあうとなかなか厄介なんですけれども、一人ひとりの中国人と友達になると非常に情も厚い。いざという場合には助けてくれる、向こうが困っていたら逆にこっちが助ける、そういう関係になれる。七七・八％が中国に親しみをあまり感じないという状況ではなかなか難しいでしょうが、そういう困難な状況を打破するには、やっぱり人と人、一人ずつが顔と顔を向けあってつきあいを深めていくということ、その集積が隣国とのつきあいをもうちょっとスムーズなものにしていく力になるのかなと考えています。

中国に友人といえるような人はいらっしゃいますか。日本にいる中国の人でもいいですけれども、友人としてつきあう、そういう試みをされてはいかがでしょうか。

第五回　科学と人間の不協和音

池内　了

〔いけうち・さとる〕

天文学者・宇宙物理学者。総合研究大学院大学理事・教授。一九四四年兵庫県生まれ。京都大学大学院理学研究科修了。京大、北大、東大、阪大、名大の教員を歴任して、二〇〇六年より現職。専門は、宇宙物理学、科学・技術・社会論。著書に、『科学者心得帳』『禁断の科学』『疑似科学入門』『娘と話す 原発ってなに?』『科学と人間の不協和音』など。

（講義日 二〇一二年五月八日）

【講演】

科学は人間を幸せにしたか?——三・一一にみる危うい科学&技術

こんにちは、池内了です。本日は「科学と人間の不協和音」という演題でお話しさせていただきます。全く同じタイトルの新書を角川書店から出しておりますが、本とは違う軸で進めていきたいと思っています。よろしくお願いいたします。

今日の我々は「科学」というものに取り巻かれて生きており、もはやこれ抜きに生きることはできません。いうまでもなく、科学は我々の暮らしにたくさんの利便性をもたらしました。しかし、同時に様々な不利益も運んできました。科学は万能ではありません。有益一辺倒ではなく、必ず二面性があるのです。

とはいえ、かつては不利益の側面のほうにこだわる人は、それほど多くなかったように思います。科学は日本ではおおむねよいものとしてとらえられてきたからです。しかし、いまはかなり多くの人の意識にマイナスのほうの側面がのぼるようになっています。すなわち、「科学は人間を本当に幸福にしたのか？」という疑問です。

その明らかな引き金となったのは、やはり、二〇一一年三月一一日の東日本大震災だったと思います。あの未曾有《みぞう》の災害によって、私たちの心の深層に眠っていた科学への懐疑が揺り起こされ、その結果、様々な局面でギシギシといやなきしみ音を立てることになったのです。まさに、「科学と人間の不協和音」です。

ということで、まずは、他ならぬ大震災を前置きとして、科学というものがいかに危ういものか述べてみます。

大ざっぱにいって、この災害を構成していた要素は三つあったと思います。それは、地震、津波、原発事故の三つです。そして、そこから導きだされた結論は二つあって、一つは、「科学には予知不可能なことがある」です。

私は一七年前に阪神・淡路大震災が起こったときも、かなり声を大にして述べたのですが、ありていにいって、地震の予知をするのは困難です。というのも、科学のなかにも二つの系統があって、一つはものごとの原因と結果を理路整然と説明づけますが、もう一つは、非常に複雑に要素が絡まりあっていて、毛糸玉のようにもつれていて、どうしても整然とした答えが出ないのです。これを「複雑系の科学」といいます。いわば、「やればやるほどわからないということがわかる」ような科学です。地震予知は、まさにこれに入るのです。

たとえば、地下にある岩盤が割れる破砕現象というものがあります。岩がどのような理由で、どのような条件で割れるかというメカニズムは、むろん説明できます。しかし、その力がどのようにかかって、いつ割れますなどという予想は複雑すぎて立てられるはずがないのです。一応方程式はありますが、変数が無限にありますので、ちょっと条件が変わっただけで答えが全く違うものになってしまう。みなさんは、科学といえば明快なものだとお思いになるでしょうが、そういうものばかりではないのです。科学には不確定なことしかいえないものがたくさんあるのです。

津波の高さや到達時間の予想なども同様です。そんなものはシミュレーションですぐできるだろうと思うかもしれませんが、なかなか単純ではありません。ほんの条件一つ変わるだけで結果ががらりと変わってしまうのです。

ですから、震災ののち、地震学のちゃんとした先生たちはみな両手を挙げて、もうだめだ、正確な地震予知などできないと降参されました。それが包み隠さぬところであり、逆に、もし「いや、予知はできるよ」と言う人がいたら、それはあやしい人です。科学者の看板を裏切っている人です。

先般、「首都直下地震四年以内にマグニチュード七級の地震が起こる確率約七〇パーセント」と報道されました。地震研究所の報告ですが、私はほんまかいなと思っています。地震の確率ほどあてにならないものはありません。

いまから九〇年くらい前に、防災科学で知られる物理学者、随筆家の寺田寅彦《とらひこ》が地震について、「今のところ容易に予知することができない」と言いました。それから一世紀近くたったのですからずいぶん進歩したろうと思いますが、さにあらず、ほとんど我々は進歩していないのです。

そして、震災から悟った結論の二つ目は、我々は、科学の粋を集めたものの上に生きているのではなく、「科学の妥協の上に生きている」ということです。これは原発事故から導きだされた結論です。

原発事故のほうは、地震、津波のように、複雑系の科学であるから被害を防げなかったわけではありません。「人災」だったといっていいと思います。地震の揺れで配管が壊れたり、津波によって非常用ディーゼル発電機ほかがやられたせいで起こったのですが、なぜ非常用ディーゼル発電機ほかをすぐに水没する地下室などに置いていたのか、もっと高い場所に置くことはできなかったのかなど、様々な批判があります。要するに、そもそもの設計の甘さ、見通しの甘さに悲劇の原因があるのです。これは「科学」と「技術」の違いであるともいえます。

言葉が出ましたので、ここで「科学」と「技術」の違いについて注記しておかねばならないでしょう。まず科学とは何かというと、ものごとの原理や法則を明らかにする「発見の知」です。これに対して、技術というのは、その原理や法則をもとに人工物をつくりあげる「創造の知」です。この二つは全く別物です。しかし、我々は日常生活のなかで科学のみを純粋に享受していることはほとんどなく、創造の知、すなわち技術を介して科学の恩恵に浴しています。そして、他ならぬこの二つの関係のなかに、つまり「科学を技術によって人工物に応用するとき」に、いまいった「妥協」が生まれるのです。

どういうことかといいますと、たとえば、原子力という科学の原理を用いて、我々が使う電力を生みだす原発という工場をつくろうと考えます。そのときに、当然、予算だとか工期だとかといった現実問題が抜き難く絡んできます。放射能は危険だよねといって一〇〇メートルの厚さの壁を持った建物を築きあげれば完璧に安全なものができるのかもしれません。しかし、そんなことは現実的ではありません。そんなものをつくろうと思ったら、いくらお金があり、いくら時間があっても足りません。すなわち、一〇〇%の理想を求めていたら、永遠に、何一つ完成しないのです。

浜岡原発の裁判のとき、企業側の証人は、非常用発電機や制御棒など重要機器が複数同時に機能喪失するなどということを計算に入れていたら、設計することは不可能だったと述べていました。彼は、「妥協」のことを「割り切り」という言葉で表現していました。「よい」「悪い」は別として、この世に一〇〇%安全な技術というものはありません。だからこそ、我々は「妥協」のなかで生きていくしかありません。となると、どこで妥協するのかという「妥協のポイント」が重要になります。あるいはまた、そもそも原子力のように極めて危険なものを、「妥協」を前提とするような場面に実用化したことは正しかったのかという議論にもなります。

このように、我々は非常に危うい科学と技術、すなわち、「予知できない科学」と「妥協の上に成り立っている技術」に取り巻かれて、日々生きているわけです。

「妥協の科学&技術」の例を、もう一つ挙げましょう。新幹線です。ご存じかどうかわかりませんが、新幹線には「ユレダス」という名の早期地震検知警報システムが装備されています。地震というのは、通常、初期微動のタテ揺れのプライマリー波（P波）というものが先に来て、次にセカンダリー波（S波）という、大きなヨコ揺れの波が次に来ます。そのあいだに大抵微妙な時間差があり、ユレダスはこの特徴を利用してつくられています。つまり、P波の直後に列車を全部とめるようにできているのです。三・一一のときもこの装置が働き、おかげで東北新幹線は一本も脱線しませんでした。

しかし、P波とS波がほぼ同時に来るような直下型の地震の場合は、この装置はききません。めったにないことですが、万一それが来たら、覚悟しなければなりません。たとえば、700系新幹線の車両の一両は、平均すると定員八〇人くらいで、一六両編成ですから、一本につき一三〇〇人くらいが乗っています。そのたくさんの人々が、一瞬にして死亡するかもしれないのです。私は自宅が京都ですので毎週末、京都へ戻っているのですが、乗るたびに「もしかしたら」と思います。しかし、そんなことを考えても仕方がないのです。鈍行列車で帰るわけにいかないですし、夜行バスなら安全かといえば、今度は運転手を信用できません。そこで「しゃあない」と、新幹線に乗るのです。ですから、技術のほうだけでなく、我々のほうも妥協しているのです。

人間はこのように、どうしようもない、あるいは、どうにも限界のある文明のなかに生きているのだと、まずは心得る必要があるでしょう。

“付け焼刃”の科学——日本の科学は厚みが薄い

どうにもしようのない科学・技術文明を生きているという点では、日本だけでなく世界中の先進国がみな同じはずです。ところが、科学と技術に対する認識をよく見ると、日本と西洋では少し事情が異なるようです。

一つ面白いことがあります。西洋の文学の世界には、科学が暴走して人間の手に負えなくなったり、モンスター化して逆襲されるといった作品群が、けっこう古くから一ジャンルとして確立しています。たとえば、古いところでは、人造人間の悲劇を描いたメアリー・シェリーの『フランケンシュタイン』（一八一八年）があります。二重人格の問題を扱ったスティーブンソンの『ジキル博士とハイド氏』（一八八六年）というのもあります。生物実験の恐怖を描いたウェルズの『モロー博士の島』（一八九六年）というのもあります。このような空想的科学小説（ＳＦ）の層がかなり分厚く存在するのです。別のいい方をすれば、「マッド・サイエンティストの系譜」です。このようなジャンルが存在するということは、つまり、科学はときによって人類を脅かすものになるという認識を、西洋の人の多くが持っていた証拠だと思います。

ところが、日本にはこのような系譜はほとんどありません。そして、戦後にいきなり『鉄腕アトム』が登場するのです。主人公のアトムは原子力エネルギーの申し子で、妹弟はウランだとかコバルトだとかいい、プルートゥという強いロボットも登場します。少し前に原爆を落とされて大敗したというのに、科学に対するネガティブなイメージがほとんどないのは驚くほどです。先端科学は平和のシンボルであり、国の発展に寄与するひたすらよいものとしてとらえられているわけです。その考え方はかなり長く続き、先ほどもいったように、一部の人を除けばあまり疑いを持たれることなく、最近まで来たのです。

その理由を、私は科学というものの層の厚みの問題ではないかと考えています。西洋では、一七世紀にガリレオやデカルトやニュートンたちによって科学革命が起こり、約一〇〇年かけて「近代科学」が生まれました。それがまた一〇〇年かけて様々に枝分かれし、物理学や、天文学や、化学や、工学や、医学や、博物学といった専門的な学問として発展しました。これは「学問としての科学」です。そして、その後、一九世紀の後半ごろから、その専門知が人々の利便のための「技術」として応用されるようになり、いわゆる文明の利器が様々に登場することになったのです。

これに比して、日本は幕末ごろになってようやく目覚め、科学・技術を西洋から輸入することになります。一周、いや二周くらいでしょうか、とにかく遅れまくっています。一刻も早く西洋に追いつかなければなりません。そうでなければ負け組になって、植民地にされてしまう可能性があります。ですから、科学のいいところとか悪いところとかを冷静に吟味する余裕もなく、よいものに決まっているという前提で短兵急に受け入れたのです。しかも、富国のために即刻実用化せねばならないので、「科学」も「技術」もさしたる考えもなく、一緒くたに取り入れました。日本人が「科学技術」といういい方に抵抗がないのは、このとき以来の伝統ではないかと思います。きちんとした批評眼を持って自分たちのなかで育てあげていくということをしなかったために、日本では科学の評価はその後ずっと高いまま進んでいったのです。

西洋では科学は一〇〇年、二〇〇年の年月をかけてじっくりと熟成されましたが、必ずしもすべてがまともな方向に行ったわけではなく、なかには錬金術だとか、魔術だとか、呪術だとか、危うい方向にコースアウトするものもありました。ゆえに、人々は、科学者というのはすごい知恵も出すけれど、恐ろしいこともやるのだと肝に銘じました。しかし、日本人はそのような経験をしている時間がありませんでした。いってみれば付け焼刃なのです。これも、日本の「科学技術」の様々な問題の遠因なのではないでしょうか。

科学はどう変容したのか？——「社会のための科学」四つの位相

このように、近代科学はまず純粋学問として誕生し、その後、人間の利便に供する各種技術として実用化されていったわけですが、ではもう少し深く掘り下げて、その変容の諸相について詳しく見ていくことにしましょう。

時期についてもう一度確認すると、科学がいわゆる科学のための科学（Science for Science）であったのは、大体一九世紀の半ばまでです。大学などでアカデミックに研究されていた純粋学問としての科学です。これが、社会のための科学（Science for Society）に変わったのが、一九世紀の後半ごろから二〇世紀にかけてです。このころ、科学が人間にとって役に立つことが明確になり、生産力が科学と結びつくことによって、様々な近代産業が花開いたのです。そうなってから現在まではたかだか一〇〇年ちょっとですから、科学と技術によって世界がすごいスピードで変わったことがわかります。

その一〇〇年のあいだに進展した「社会のための科学」とはどのようなものであったのか、四つに整理して説明します。すなわち、「①科学の制度化（体制化）」「②科学の軍事化」「③科学の技術化」、および「④科学の商業化」です。

まず、「科学の制度化」です。これはどういう意味かといいますと、国家が科学を推進するための最大のスポンサーになったということです。まず、大学や研究機関といった科学推進のための設備をつくり、科学者を雇用しました。雇うからには、もちろん給料も払います。これを私は科学の制度化、あるいは体制化と呼んでいるのです。これには非常に危うい側面があり、国家に雇われることによって、科学者は市民ではなく国家のほうに顔を向けるようになったのです。

科学というのは本来は普遍的で、中立的で、国境を越えて原理や法則が成立するところに特徴があります。いつでもどこでも成立するインターナショナルな存在であるはずなのです。ところが、国から研究費をもらうことによって、そのあり方が何かしらゆがんでいきました。インターナショナルではなくナショナルになっていった。お金をもらっていれば、それがある種の弱みになって、いざとなれば愛国者にならざるを得ないわけです。

これと非常に関係しているのが、二番目の「科学の軍事化」です。

科学の軍事化が最初に加速されたのは、第一次世界大戦でした。このときにとりわけ熱い視線を浴びたのは「飛行機」です。世界で飛行機が初めて飛んだのは一九〇三年で、ライト兄弟がキティホークの海岸で二五六メートル飛ばすことに成功しました。すごい発明ですから世界各国が一斉に実用化に乗りだし、八年後の一九一一年にはイタリア軍がアフリカで軍用飛行機を飛ばしました。一五年後の一九一八年には、イギリス軍もドイツ軍も重爆撃機を開発しました。わずか二五六メートルしか飛ばなかった飛行機が、たった一五年のあいだに爆弾を背負って敵をやっつける殺人兵器に変貌したのです。それもこれも国が軍事費を湯水のようにつぎ込み、科学者を総動員して取り組んだ結果です。

科学の軍事化が極点に達したのは、第二次世界大戦です。いわゆる「マンハッタン計画」で原爆が開発され、広島と長崎に落とされました。ウランの核分裂反応が発見され、革命的な兵器になり得ることがわかったのは一九三八年一二月ですから、その後たった六年のあいだに、あのようなものが現実となったのです。

続いて、三番目の「科学の技術化」に行きます。こちらは軍事化にくらべれば穏当な科学の実用化で、人間の役に立ちそうなものが民生目的に利用されました。

一つ面白いことがあります。現在、科学系の大企業として通っているデュポンとか、ディーゼルとか、カーネギー、イーストマンコダック、フォード、エジソンといった会社の創業者はほとんど「発明家」なのです。大学教授でも、国家の技術者でもありません。みな一九世紀末ごろの民間の発明家、「町工場のおやじさん」なのです。そんな彼らが二〇世紀、二一世紀に通ずる大科学企業のいしずえを築いたのです。

彼らは科学の知識を相当持っていて、同時に商才にも長《た》け、目端もきいていて、物理学の法則にはこういうものがある、電磁気学の法則にはこういうものがある、ゆえにこういうものがつくれそうだと鋭く嗅《か》ぎとって、新しい利器を生みだすことに結びつけていったのです。

たとえばエジソンなどは大変に鼻がきく人で、科学の技術化をどんどん進めました。ニュージャージー州のメンロパークに研究所をつくり、数学者や物理学者や化学者をたくさん雇い、共同研究を行わせ、新しい発明につなげていきました。まさに科学の技術化であり、科学の知見をいかに技術の範疇《はんちゅう》に乗せていくかという試みです。このような彼らの試みを最初のベースとして、二〇世紀以降、科学の技術化が本格化していくのです。

それから、四番目は「科学の商業化」です。これは知的財産で、最近特にいわれるようになった特許の話です。

科学にはオモテとウラがある——「科学の二面性」五つの局面

では、今度は少し視点を変えて、そのような科学が本来的に持っている「二面性」というものについて、お話ししたいと思います。これは、五つの側面に分類して述べます。すなわち、「①効用と弊害」「②文化と経済」「③軍事と民生」「④要素還元型と複雑系」、およぴ「⑤科学と宗教」です。

まずは「効用と弊害」です。これは、見たままそのままです。先ほどもいいましたように、科学というのは、利用次第によってよいものにもなり、危ないものにもなります。世の中のすべての事柄には、プラスの側面とマイナスの側面があって、それは、科学も例外ではありません。たとえば、この世には化学物質と呼ばれるものがたくさんありますが、そのほとんどが量次第で毒にもなり薬にもなります。量というのは、物質的な量という意味だけでなく、使い方という意味も含まれます。

総体的にいって、私たちは科学の「効用」のほうばかりに注目し、どんどん取り入れ、どんどん使っています。しかし、科学には二面性があるのですから、裏側には何らかの反作用のようなものが起こっていて、私たちが使えば使うほどそれも増大しているのです。そのことも自覚せねばなりません。

二番目は、「文化と経済」です。これは、別のいい方をすると、「役に立たないもの」と「役に立つもの」という対比になるかと思います。一般に文化というのは役に立たないものです。少なくともお腹の足しにはなりません。たとえばピカソの絵は素晴らしいけれど、ピカソの絵でお腹はふくれません。ランボーの詩は素晴らしいけれども、ランボーで金もうけはできません。

学問のなかには虚学と実学などという分け方があって、文学とか哲学といった夢みたいなものを虚学といい、医学や経済学といった実用的なものを実学といいます。この分類でいくと、科学は実学です。経済性のあるものの代表選手といわれています。しかし、個別に詳細に見ればその限りでなく、同じ科学のなかにも、ほとんど文化のほうにカテゴライズされるべきものもあるのです。これが、科学における「文化と経済」の二面性です。

一つ、エピソードを挙げましょう。みなさんもよくご存じの物理学者の小柴昌俊さんが、ニュートリノの研究でノーベル賞をもらわれたとき、新聞記者から、「ニュートリノは、私たちの生活にどんな役に立ちますか」と質問されたのです。すると、小柴さんは「何の役にも立ちません」とお答えになりました。私はとても愉快に思いました。

確かにニュートリノの何たるかを知らなくても、我々はいっこうに困りません。けれども、その解明によって、星の中心の構造がわかったり、星がどのように爆発するかがわかったりして、大変面白いことがあるのです。これは存外に大事なことではないでしょうか。これに限らず、この世の中にはお腹の足しにはならないけれども、ないとやっぱり寂しいね、やっぱりあって欲しいねというものはたくさんあります。「無用の用」とでもいうのでしょうか。ですから、科学の有用な側面ばかりでなく、無用な側面にも注目したいと私は考えるのです。

続いて、三番目は「軍事と民生」です。「戦争と平和」といってもいいかと思います。先ほどから申しあげているように、科学は人を助ける救世主にもなり、人を傷つける害毒にもなります。たとえば包丁はリンゴの皮をむくことにも使えますが、人を殺すことにも使えます。それと同じです。原爆のようにはじめから兵器だけを目的として開発されたものもありますが、それよりも、使いようによってどちらにも転ぶ、両義をはらんだもののほうが多いような気がします。

たとえば、いま地球の周りにはたくさんの人工衛星が飛んでいて、私たちの暮らしに役立ってくれていますが、人工衛星をつくる科学・技術と、軍事ミサイルをつくる科学・技術は基本的には同じです。二〇一二年四月、北朝鮮が打ちあげたものがミサイルなのか人工衛星なのかという騒ぎがありました。国連はミサイルだと決めつけ、日本もＰＡＣ３（パトリオットミサイル）部隊を沖縄辺りに配備したりしましたが——私は人工衛星だと思っているのですが——、そのように、科学というのは〝使いよう〟なのです。

余談になりますが、インターネットはもともとは軍事用として開発され、その後、民生用にスピンオフされたものです。同じように、まず軍事、のちに民生という順番で利用が広がった技術はけっこうあります。なぜかというと、目的が軍事用途ということになると、開発にお金がたくさんかけられるのです。最初から民生目的とした場合は、そうはいきません。ですから、そこを狙って、とりあえず軍事目的から開発に入る案件も少なくないのです。これも、科学の世界において軍事と民生がごっちゃになってしまう一因ではないでしょうか。まただからこそ、科学の周辺には倫理のようなものが必要になるのです。

そして、四番目は、「要素還元型の科学と複雑系の科学」という両面性です。

まず、要素還元主義とは何かというと、かのデカルトがいいだした方法で、何らかの現象に出くわしたとき、その現象を構成している要素にばらばらに分解して、各要素を徹底的に調べ尽くせば、その現象の理由が明確に理解できるという立場です。「現象の原点に立ち返れ」といった考え方です。

要素還元主義の科学はかなり見事に成功したと思います。というよりも、これまでに成功した科学は、ほとんど要素還元主義だといってもいい。たとえば化学の世界には様々な化学反応がありますが、これはまさに要素還元の方法で、物質を分子↓原子へとどんどん小さな単位に分解して、謎を解いてきました。ノーベル賞をお取りになった「小林・益川理論」はその最も小さな単位のお話で、物質の根源は何なのかどんどん追究していった果てに、理論的には六種類のクォークと六種類のレプトンからなるはずだと突き止めたのです。ただし、これも「いまのところは」で、先々にはもっと微細な素粒子の存在が証明されるかもしれません。

また、生物学の世界で取り組まれているＤＮＡ研究、ゲノムを解読する試みも要素還元主義のそのもので、その成果はすでに新薬の開発などに生かされています。これにかかわっている生物学者は、全ゲノムが解読できたら生命の謎はすべて解けると考えております。このように、この世にありとしある物質や現象を構成要素にどんどん還元していくことによって、真理を把握しようとするのが要素還元主義です。

これに対して、現象を構成しているものが複雑すぎて、スッキリと要素還元できないのが複雑系の科学です。冒頭で述べたように、地震予知がまさにそうです。天気予報もそうです。天気予報は三日先以上はあまり信頼できないとされています。そのためかいまでは、「天気予報」と呼ばず、「天気情報」といいます。

なぜ天気予報は当たらないかというと、地震同様、実に様々な不確定要素から成り立っているからです。太陽光の入射に関係する要素だけでも、光、熱、雲があり、水滴があり、水蒸気があり、ちりがあります。透過してきた光が地面で反射されて、あるいはいったん吸収されて、違う波長で再放出されるとか、様々な不確定要素があります。地形の条件も色々です。陸地があり、海があり、山岳地帯があり、平野があり、森林があります。これら様々な要素がいわくいい難く絡みあって、天気というものが決まるのです。ですから、そう簡単に明日は雨が降ります、雪が降りますといったことはいえないわけです。

明日の天気予報（降水の有無）が当たる確率は全国平均で八二％くらいだといわれますが、そこで、私はよく冗談をいうのです。下駄を放っただけでも五〇％は当たるよ。なのに、これだけ時間とお金をかけて、最新鋭のコンピューターを使って八二％ですか――と。

ちょっと嫌味ですが、実際そのくらい、複雑系の科学は答えを出すのが難しいのです。

人間の身体にも、わからないことがたくさんあります。たとえば同じ薬でも、人によって効き方が違うのはなぜなのか。同じ薬を飲んでも、効く人と効かない人がいるというのは、科学的には説明がつけられません。さらに不思議なのは「プラシーボ効果（偽薬効果）」です。ただのメリケン粉でも、これは素晴らしくよく効く酔い止め薬ですといって飲ませると、その人は乗りものに乗っても酔いません。そして、「嘘だよ、メリケン粉だよ」と教えると、途端に酔ってしまう。これはいったいどのようなメカニズムによっているのでしょうか。大変不思議なことですが、にせ薬であっても本物と思って飲めば効く。これはまさに、人間が複雑系だからだと思います。

そして、最後の五つ目は、「科学と宗教」という問題です。これは議論し始めるとけっこう大変なので、要点だけ申します。

最近、科学と宗教に関する議論が色々なところでなされています。この二つは一見無関係のようにも思えますが、構造にはかなりよく似たところがあります。というのは、宗教は、崇《あが》める対象として神様や仏様がいて、それを信じる庶民がいて、そのあいだに、二つを仲介する存在として、牧師さんだとかお坊さんだとかの宗教者がいます。一方、科学のほうも、崇める対象として普遍的な科学の原理のようなものがあり、それを信じる庶民がいて、そのあいだに、二つを仲介する存在として科学者がいます。そして、そのどちらも、大抵は仲介者のところに問題があります。両者はよく似ているのです。

かつてローマ教会は免罪符というのを売りだして、物議を醸しました。大きな顔をして、神様のかわりに罪を許すようなことをいってぼろもうけしました。ゆゆしきことですが、現代の科学もちょっと似たような状況になっていて、一部の科学者がある種、安易なご託宣をいって、神様のかわりにありがたがられるような状況になっています。

最近よくいわれる言葉に「神話」というものがあります。たとえば、「安全神話」といった使われ方をします。その意味は、根拠もないのにそれを正しいと信じ込んでしまうことです。「脳科学神話」などというものもあります。たとえば、「脳の質は三歳までに決まる」とか「右脳、左脳」とか、「男脳、女脳」とか、針小棒大に、まことしやかに強調しています。確かに、脳の働きとして右脳が感覚、左脳が論理をつかさどるということはあるのでしょう。しかし、人間は右脳が弱った場合、左脳が補いをつけますし、左脳が弱った場合は右脳が補いをつけます。ですから、そのタイプを星座占いのように決めつけることはできません。しかし、そのようなことをかつての免罪符のように打ちあげて〝信心〟を吸い寄せる人もいるのです。

科学者は仲介者ですから、神様のつもりになってご託宣を垂れてはいけません。もちろん、信者である一般市民のほうも、しっかりと批判的精神を持つ必要があります。先にも述べたように、日本人は科学とつきあってきた歴史の層の厚みが薄いので、そのぶん逆に意識して、「見る目」を養っていかねばならないのです。

科学者の社会的責任を考える――「唐木順三の論理」再考

さて、与えられた時間も少なくなってきましたが、あと一つ、述べさせていただきます。それは、「科学者の社会的責任」の問題です。これは現代科学をめぐる様々な問題のなかでもとりわけ大きいことですが、実はいまから五〇年以上前の一九五七年ごろ、文芸評論家の唐木順三が言及し、かなり本格的な議論を展開しているのです。いまではほとんど誰も取りあげないのですが、気になって読み返してみたら、現代にも十分に通じることをしっかり述べていて、認識を新たにしました。そこで、この彼の問題提起をよすがとして、私の話を締めくくりたいと思います。

彼の主張の要点が何であったのか端的にいいますと、「科学者は原罪を知れ」ということです。一九五五年ごろは高度経済成長の始まりのころでしたが、その半面、ビキニ環礁での水爆実験による第五福竜丸の被爆事件などを受けて、世界的に核廃絶運動が高まった時期でもありました。そのようななかで、彼は科学者の責任を主張したのです。ちなみにいうと、日本で核廃絶運動に最も熱心だったのはノーベル物理学賞を受賞した湯川秀樹なのですが、唐木はお前たちが核兵器をつくったのに、そのお前たちが核廃絶を訴えるとは矛盾ではないかといいたかった、けっこう批判的でした。

科学に批判的とはいっても、彼が訴えたことは必ずしも全面的な反科学ではなく、進歩主義を即座にやめろということでもなく、科学者は自分がなしていることに自覚的であれということだったと思います。科学が本来的に蔵している罪の可能性を、常に認識しなければならない——と。

我々は科学と向きあっていくうえでの「あるべき態度」について考える必要があります。

そこには大きくいって三つのポイントになるかと思います。一つは「取捨選択する知恵」です。科学なら何でも人のためになるのかといえば、そんなことはありません。非常に素晴らしいものもありますが、受け入れてはいけないものもあります。ですから、当たり前のことですが、見る目を持って、これは拾う、これは拾わないをきちんと選別せよというわけです。そして、判断がつかないときは、拾いもせず、捨てもしないようにする。その辺りの知恵のことです。これが一つです。

二つ目は、先ほど述べた複雑系の話に近いのですが、科学は万能ではなく、不確かなこともたくさんあるのを認識しなければならないことです。すなわち、「現代科学には限界があると知れ」です。限界があるものと心得て、そこに全面的に依拠しないで、自分自身でしっかりものを考えながら生きていくべきなのです。

なぜかというと、人間というのはとかく白黒をはっきりさせたがるのです。というか、白黒を人に決めてもらって、それ以上のことは考えまいとする怠け癖があるのです。これが正解か？　ならもうそれでええやないかと、と思考停止してしまうのです。

たとえば、例は何でもいいのですが……、竜巻はなぜ起こるかでもいいです。竜巻のメカニズムはまだ明らかではありませんけれど、一つの可能性として地球温暖化が挙げられています。すると、竜巻は温暖化のせいだといって片づけてしまうのです。とりあえずそういうことにすれば、何もわからない状態がもやもやと続いているよりはスッキリするのです。ちなみに地球温暖化というのは、何でもそのせいにできてしまう便利なもののようです。夏が非常に暑い、地球温暖化のせい。太陽光線が強くなった、地球温暖化のせい。集中豪雨が増えた、地球温暖化のせい……。様々な活用形があります。そういうふうに何か理由を一ついっておくと、落ち着きがよく安心できるのです。これは思考が停止している状態です。ゆえに、そのように決めつけてはいけない。この世にはまだわからないことはたくさんあるのですから、安易に決めつけず、疑問を持ち続けることが大事なのです。

では、三つ目にいきましょう。いま述べたように、現代科学にはわからないことがまだたくさんあります。しかし、それでいて、何らかの決断をしなければならない場面は少なくありません。たとえば、鳥インフルエンザというものが流行《はや》り始めました。たとえば、悪性になる確率は三五%だとしましょう。そのときに、三五%は高いと考えてワクチンをフル生産するのか、三五%くらいならまあいいかと考えてあまりつくらないことにするのか。すなわち、三つ目は、「不確定な状況のなかでいかに決断するか」の問題です。

これはなかなか難しい問題で、科学だけで答えを出すのに不十分なときには、科学以外の原則を持ち込まざるを得ません。たとえば、一つは「予防原則」です。これは、不安な状況のなかをともかく進んでいくけれども、万一の場合にはすぐに引き返すことができるようにしておくとか、あるいは被害を最小限に抑える方法を考えておくとかいった知恵です。

あるいは、「少数者の視点」を用いることもあります。多人数が幸福になれば社会全体が幸福になるというのはベンサム流の功利主義で、民主主義の原則みたいなものですが、これを押し通していくと、少数者の意見が抜け落ちて、どうしても不公平になってしまいます。ですから、少数派の意見にむしろ注目することで、ものごとの偏りを減らしていくのです。

ちなみに、私自身は科学の運用に当たっては、少数者の立場から出発すべきという考えです。多数派は放っておいても多数なのですから、あまり気にしなくてもいい。それよりも、弱者や被害者などの論理、あるいは視点から出発するほうが、最終的によい結果になることが多い気がしています。

唐木の時代から五〇年たって、科学者と一般市民のあいだで起こる対立は、もっと大きくなりました。そのことに我々はどう相対していくのか。何を信じ、何を支持するのか。いま、真摯に問われています。だからこそ、私はそうした問題を意識的に「不協和音」として取りあげ、考え続けているのです。不協和音というのはうまく調和していない音ですから、耳障りです。気分は悪いです。だからこそ、なぜ調和しないのか、どうしたら聴きよい和音になるのか、考え続けているのです。

私は科学は万能だとは思っていません。しかし、私自身、科学者なので、科学は捨てません。しかし、全面的に頼ることはまずい。要はつきあい方の問題です。難しいけれども避けてはいけないと思います。じっくりと議論を尽くしていきたいと思っています。

とりとめのない話になりましたが、以上です。

【Q&A】

脱原発をめぐって

Q　脱原発の問題についてお尋ねします。先生の本を読みましたら、脱原発をめぐっては、真に科学的な見方をもって臨まなければいけないというご意見でした。この「真に科学的な見方」とはどういうものか、もう少し詳しく説明していただけますか。

池内　脱原発を進め、「自然エネルギー（再生可能エネルギー）」に切り換えていこうというのは、いま世の中の合言葉のようになっています。確かに、太陽光や風力は原子力より安全であるに違いありません。しかし、私はこの運動を見ながら、ちょっと〝自然エネルギー神話〟になっているのではないかと思わないでもないのです。

脱原発の方たちは、原発など即刻やめて、明日にでも切り換えてしまえと主張します。しかし、その実現のためには、極めて多くの条件が揃う必要があって、やはり一〇年はかかります。自然エネルギーからの電力供給量を原発並みの三〇％までもってこようとしたら、もっとかかるかもしれません。

また、原発をどんどんとめていきますと、我々の光熱費はやっぱり上がります。すでに企業への電気料金は値上げされましたが、二〇一二年七月からは一般家庭も値上げされます。これはもう仕方がないのです。仕方がないので、防衛策としてよほど節電して、値上げになるぶんくらいは節約しようよと私はいったりしています。

というのも、原発のための再処理工場とか、原発を立地するための電源交付金といったお金はいまだにかかり続けています。また、原発を全部やめたとしても、運転にかかっている費用はただちにゼロにはなりません。いちどきに火を消すわけにいかないので、一〇年くらいかけて冷やし続けなければならないのです。要するに、脱原発はお金を食うのです。ですから、どこをどのように減らして、逆に何をどのくらい増やして全体をトントンに持っていくのか、まずきっちりと話しあわないといけません。原発はだめ、自然エネルギーはいいと叫んでいるだけでは現実性がありません。ところが、どうも見ていると、自然エネルギーに転換することが、即座に無駄減らしになる、即座に節約になると思っている方が多いようなのです。そこで、いまのみなさんの熱意は神話になる可能性があるよと、私は心配しているのです。

では、足らないお金をどこから調達するかといえば、私は再処理工場にかける七〜一一・九兆円のお金、それをやめたらよろしいといっています。そういうふうに、反対するからには、それに見合う理論武装をちゃんとしてからでないと、敵さんに押し切られる可能性がものすごくあります。

ものごとをなすためには近視眼になってはいけなくて、やはり、「一〇年の計」であっていかなければなりません。「工程表」というものがありますが、そういうものをしっかりつくって、一〇年のスケールで段取りして、倦《う》まずたゆまず進んでいかなければならないと思います。

科学は人間を幸福にするか?

Q　原発事故が起こったとき、人間にとって科学とはいったい何なのかと、大変悲しい気持ちになりました。しかし、あれだけつらいことが起こったあとに、ヒマワリや菜の花が放射能を減少させるという話を聞いて、原発事故を起こしたのは科学であるけれども、その償いをしていくのにも、やはり自然科学が役に立つのだと、少し明るい気持ちになりました。私はいまだからこそ、科学と人間のあいだに幸福な関係が生まれる可能性について考えたいと思っています。先生の意見を聞かせてください。

池内 先ほどもいいましたように、科学にはプラスの役割もあるし、マイナスの役割もあります。科学によって災害が引き起こされることもあります。被害が拡大することもあります。逆に、科学によって災害が沈静化されることもあります。防災に寄与することもあります。常にそこには両面性があります。

ちなみに、ヒマワリが放射線物質を減少させるという話はあまり正しくなかったようで、いま、様々な植物が試されています。放射性物質が果実（種子）の部分にたまりやすく、その他の部分にはたまりにくいようなもの、また、いったん蓄え込んだ放射性物質が雨のときにも地下に流れだしたりしないようなもの――そのような植物があったら理想的です。画期的な除染の方法が見つかるといいなと私も思います。

科学と人間の幸福な関係ということでは、ふさわしい例かどうかはわかりませんが、一つ思いついたお話をします。

私の知っている地震学者に金森博雄さんという方がおられるのです。元カリフォルニア工科大学の先生です。彼はいまの科学では地震の正確な予知はできないという立場です。しかし、災害を減らすことはできると考えています。彼は大学の防災センターでお仕事されていたのですが、地震がひとたび起こると、震源はどこ、深さは何キロ、震度はいくつ、マグニチュードいくつ、津波は起こるか起こらないか、いつどこに到達するか、そのようなデータをほとんど瞬時にして出します。そしてそのデータに基づいて、電車をとめなさいとか、高速道路を閉鎖しなさいといった指令を出す。そういう仕事を地震研究とともにずっとしておられた。つまり、地震の予知はできないけれども、起こってしまったあとの対策には、迅速に、最善を尽くすというポリシーなわけです。

私は金森さんと対談したことがあるのですが、そのときに、たまには間違うこともあるでしょうと聞いてみたのです。それほど大きな地震ではないのに大きいと判断して、ガス供給をとめろと指示してしまうようなこともあるでしょう。ひとたび間違えたら企業側の損害は甚大でしょうから、もし補償しろなどと訴えられたら大変ですね、どうするのですか――と。すると彼は、私は刑務所に行きますとお答えになったのです。損害賠償するお金などはあらへんから、刑務所に入って償いますとおっしゃったのです。

私はそれを伺って非常に感動しました。それぐらいの覚悟をしてやっておられる科学者もいるのです。これは純粋な科学の問題というよりも、倫理の問題に近いと思いますが、これからの科学と人間の幸福な未来という意味で、一つ、なんらかのお答えになっていないでしょうか。

科学と経済的合理性

Q　科学と経済的な合理性のような問題についてお尋ねしたいと思います。私は化学会社で働いているのですが、科学の研究にはお金の問題が抜き難く影響することを痛感しています。たとえば、研究費が乏しくなると、すぐに利益につながるものを求めるようになり、重要な基礎研究がおろそかになります。また、このような世の中ですからどうしても科学者は研究費の出どころとつながりを強めるわけですが、そうなるほどに、科学の公平性、科学の公共への貢献度が低くなっていくような気がします。この辺りはどう考えたらいいでしょうか。

池内　先ほど科学の二面性というお話をして、その一つとして「文化と経済」ということをいいました。科学に携わるのに、経済——つまり役に立つかどうかという有用性——の側面ばかりが重視されるようになり、その結果として、即座にもうけに結びつかない地味な研究や基礎研究にはお金が回らなくなる。これはいま色々なところで起こっている事実です。

科学の将来を考えるとき、私はよく、「タイムホライズン」のお話をするのです。私たちが景色を遠く見渡すと、地平線が見えるでしょう？　そして、その線より先は見えません。それは、地球が丸いから、そして、光が真っすぐ進むからです。それと同じように、私は時間にも地平線があると思っています。どのくらい先のことを想像してものごとに取り組むか、そのぎりぎり見通せるライン。それがタイムホライズン（時間の地平線）です。私はこの言葉が好きなんです。自分の未来としてこういうことをやろうとか、ここまでは頑張ろうとか展望するのによいのです。ところが、そのタイムホライズンは、いまどんどん短くなっているように思います。余裕がなくなって、近視眼的になっている。それはまずいことでしょう。

ひょっとしたら、あなたの会社は長期ビジョンや大きな展望を持って何かに取り組むのではなく、姑息《こそく》な改良主義のようなものに陥っているのではないでしょうか。新しく、大きなことに腰を据えて取り組んでいこうとしないで、いまある商品なり技術なりを少しずつ手直しするだけでつないでいこうとしているのではないでしょうか。

そのやり方ですと、少しずつはよくなっていきますが、劇的にはよくなりません。そんな目先のやり方にはまり込んでいる企業が、いま多いのです。大きく投資する資金がないなかで、なんとか手堅くつじつまを合わせていこうとすると、そうなるのです。先の見えない世の中で経済合理性を重視すると、そういうことになりがちです。

ここで申しあげたいエピソードが一つあります。日本の電子顕微鏡のお話です。

ご存じかどうか、日本の電子顕微鏡は、一時、世界の七五％を占めるくらい市場を席巻しました。ところがここ一〇年ほどでドイツに逆転さる雲行きになりました。いまは、五〇％以下になってしまったのではないでしょうか。それはなぜかというと、世界制覇したとたん、日本は改良主義に転向したのです。本当はそこにとどまらず、次なる革命に臨むべきだったのです。が、そうせずに守りに入ってしまった。一方、ドイツは一五年間もかけて全く新しい原理の方式に挑戦し続けました。その結果、一けたくらい性能のよいものを完成させて、日本を凌駕《りょうが》しつつあるのです。

ですから、ショートタームでは改良主義のほうが手堅く見えても、中長期的には、やはり得策ではないのですね。一〇年先、二〇年先という長いタイムホライズンで進んでいかないと、結局、悲惨なことになりかねないのです。

それから、知の公共性のようなことについてのお尋ねですが、確かに科学は本来的には公共財です。誰もが使える公共的なものであるはずです。ところが、実際上は企業や国家が独占してしまっている例がけっこうあります。私物化されることもあります。ですから、特許という制度も、よくよく考える必要がありますね。

日本はいま、失われた二〇年だか三〇年だかで色々な側面で焦っていますが、悪あがきしてはいけません。そうではなく落ち着いて、もう一回、本当の基礎のところに立ち返って、一〇年、二〇年かけて、きっちりとやり直していかないといけないと思います。なかなかそうなりませんけれども、そうあるべきだと思います。

科学の悪用の抑止力は?

Q　科学者の倫理観のようなことについて、お尋ねします。たとえば医学だとか遺伝子関係の科学などは、非常に倫理的な問題が絡むと思うのですが、科学者が科学のよいところをよい方向に生かしていくためにはどのようにしたらいいか教えていただきたいです。

また、科学者が何か新しいことに挑戦しようと思うとき、一般的な考えではやってはいけないことにも踏み込んでしまいがちだと思います。そのような場合はどうすべきなのか。どのようなスタンスをとれば、自分のモチベーションを保ちつつ、なおかつ研究の成果も挙げることができるのか、ご意見をいただけますか。

池内　科学者が何かに取り組むことは、やはり新しい可能性を開きたいという野心があるからです。それによって新しい世界が広がっていく喜びは、科学者ならば誰もが抱くところです。しかしながら、何度もいいますが、新しい可能性のなかにはプラスの要素もあるし、マイナスの要素もあります。しかも、それは自分では判断できにくかったりします。ですから、自分が取り組んでいることを公開して、社会からの反応を得ながら進めていってはどうでしょうか。

科学者は何かに取り組むとき、「人類の幸福のため」とまではいわないまでも、大抵、これはきっとみんなの役に立つよい研究であると信じて研究しています。しかし、そうならないときがあります。

たとえば、いま日本で盛んに取り組まれているロボット研究というものがあります。日本のロボット研究は、いま世界一の力量を持っています。癒しロボットとか、介護ロボットとか、火消しロボットとか、家事ロボットとか、色々なロボットが開発されています。研究者は人と社会の役に立とうとして、すなわち人道的な目的のためにこの開発に取り組んでいます。ところが、お祭しのように、ロボットは「兵士」にもなるのです。弾が当たっても死なない兵士になってしまうのです。人間がいなくても戦う兵士になるのです。いまは無人の戦闘機も飛ぶようになりましたが、あれは基本的にはロボットが操縦しています。ロボットは即座に戦争のための利器として使えてしまうのです。

このような場合に用いられる表現として、「デュアルユース」といういい方があります。一つのものごとに二方向の用途があるという意味です。科学とは往々にしてそういうものです。一つのものが軍事用にも民生用にもなる。毒にも薬にもなる。そして、どちらにもなり得るので、これは悪いからやめておきなさいとただちにはいえません。よい面もあって、すぐれた社会奉仕ができる可能性もあるのです。そのとき裏面に危険性をはらんでいてもまかり通ってしまう危険性があります。そこで、その歯止めとなる方法の一つとして、私はとりあえずすべてを「公表」しましょうといっているのです。

そうすれば、完全には悪用を抑えられなくても、ある程度の抑止力にはなるでしょう。また、取り組んだ成果がよりよい方向に向かっていく推進力にもなるのではないでしょうか。私は社会の目は、発明や研究をよりよくエンカレッジする力として働くと思っています。

デュアルユースの問題はとても難しく、これもまた科学と人間の不協和音の最たるものの一つです。そう簡単には答えは出ないでしょう。しかし、いい加減にしてはいけない。できるだけベストに近づくよう、考え続けていかねばならないと思っています。

一色 清（いっしき きよし）
一九五六年愛媛県生まれ。朝日新聞出版雑誌統括。

姜尚中（カン サンジュン）
一九五〇年熊本県生まれ。政治学者。東京大学大学院情報学環教授。

依光隆明（よりみつ たかあき）
一九五七年高知県生まれ。朝日新聞編集委員。

杉田 敦（すぎた あつし）
一九五九年群馬県生まれ。政治学者。法政大学教授。

加藤千洋（かとう ちひろ）
一九四七年東京都生まれ。同志社大学大学院教授。元朝日新聞編集委員。

池内 了（いけうち さとる）
一九四四年兵庫県生まれ。天文学者・宇宙物理学者。総合研究大学院大学教授。

集英社新書〇六七七B

「知《ち》」の挑戦《ちょうせん》 本《ほん》と新聞《しんぶん》の大学《だいがく》I

二〇一三年二月二〇日 第一刷発行

著者……一色清《いっしききよし》／姜尚中《カンサンジュン》／依光隆明《よりみつたかあき》／杉田敦《すぎたあつし》／加藤千洋《かとうちひろ》／池内了《いけうちさとる》

発行者……加藤 潤

発行所……株式会社集英社
東京都千代田区一ツ橋二-五-一〇 郵便番号一〇一-八〇五〇
電話 〇三-三二三〇-六三九一（編集部）
〇三-三二三〇-六三九三（販売部）
〇三-三二三〇-六〇八〇（読者係）

装幀……原 研哉

印刷所……凸版印刷株式会社

製本所……加藤製本株式会社

定価はカバーに表示してあります。

ISBN 978-4-08-720677-7 C0236 Printed in Japan